2022 Investment Report on
China's Agricultural Industry

2022
中国农业产业投资报告

杨凌农业高新技术产业示范区管委会
中国农村技术开发中心　　　主编
西北农林科技大学

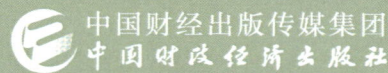

图书在版编目（CIP）数据

2022中国农业产业投资报告 / 杨凌农业高新技术产业示范区管委会，中国农村技术开发中心，西北农林科技大学主编．—北京：中国财政经济出版社，2022.9

ISBN 978-7-5223-1667-3

Ⅰ．①2… Ⅱ．①杨…②中…③西… Ⅲ．①农业投资—研究报告—中国—2022 Ⅳ．①F323.9

中国版本图书馆CIP数据核字（2022）第159701号

责任编辑：张怡然　　责任校对：徐艳丽
版式设计：楠竹文化　　责任印制：张　健

2022中国农业产业投资报告
2022 ZHONGGUO NONGYE CHANYE TOUZI BAOGAO

中国财政经济出版社 出版

URL：http://www.cfeph.cn
E-mail：cfeph@cfemg.cn
（版权所有　翻印必究）

社址：北京市海淀区阜成路甲28号　邮政编码：100142
营销中心电话：010-88191522
天猫网店：中国财政经济出版社旗舰店
网址：https://zgczjjcbs.tmall.com
北京财经印刷厂印刷　各地新华书店经销
成品尺寸：185mm×260mm　16开　11.25印张　210 000字
2022年9月第1版　2022年9月北京第1次印刷
定价：120.00元
ISBN 978-7-5223-1667-3
（图书出现印装问题，本社负责调换，电话：010-88190548）
本社质量投诉电话：010-88190744
打击盗版举报热线：010-88191661　　QQ：2242791300

《2022 中国农业产业投资报告》编委会

名誉顾问：陈宗兴

顾　　问（按姓氏笔画排序）：

　　　　　邓小明　史高领　李兴旺　吴普特

　　　　　房玉林　黄思光　程津庆　霍学喜

主　　编：刘天军　闫小欢

副 主 编：闫振宇　刘军弟　邵砾群

参　　编：崔汉涛　马秀娟　马　宁　张　琦　李根丽

　　　　　刘　冬　杨　洋　沈慧琳　周　宁　李晓莹

　　　　　张　悦　朱岳松　闫华梦　刘泽颖　刘晓姝

　　　　　杨燕慧　许瑞娇　彭新慧　国先发　王　景

内容提要

2021年是建党100周年，是"十四五"规划开局之年，也是巩固拓展脱贫攻坚成果、实现同乡村振兴有效衔接的起步之年，"三农"工作的开展具有特殊重要意义。2021年，我国农业综合生产力持续提升，股权投资快速发展，农业企业并购数量大幅增加；农业领域的资本操作除了集中在传统产业外，智慧农业持续吸引投资者关注，农林牧渔服务业和生物农业成为本年度新的投资热点。

产业发展：农业综合生产力稳步提升，新业态赋能农业新发展

2021年，我国粮食总产量68285万吨，比2020年增加1336万吨，增产2.0%；第一产业增加值83085.5亿元，较2020年增长7.0%；农村居民人均可支配收入18931元，较2020年增长10.5%；脱贫县农村居民人均可支配收入14051元，实际增长10.8%。

2021年，《中共中央 国务院关于全面推进乡村振兴加快农业农村现代化的意见》《关于加强政策性农业保险承保机构遴选管理工作的通知》《农业农村部关于统筹利用撂荒地促进农业生产发展的指导意见》《自然资源部 国家发展改革委 农业农村部关于保障和规范农村一二三产业融合发展用地的通知》等农业利好政策相继发布，农业低碳化、机械化、数字化成为中国农业发展趋势，休闲农业、设施农业、低碳农业等新业态不断涌现，为农业发展和农民增收开辟新途径。

产业投资：股权投资快速发展，非股权投资略微下降

2021年，中国农业产业投资发展较快。

股权投资方面：2021年农业领域投资案例为1178起；投资案例金额约102.60亿美元，首次突破百亿美元大关，同比增长32.7%，但增速大大放缓。从投资所属农业细分领域来看，2021年农产品及食品加工领域投资热度依旧最高，共有837起投资案例，其中695起披露投资金额，投资总金额达69.19亿美元。从投资区域来看，上海、广东、浙江和北京等地为主要集中区。

非股权投资方面：2021年财政支农总额2.21万亿元，占总支出的9.0%，较2020年略微下降；涉农贷款43.21万亿元，同比增长10.9%；农业保险原保费收入4.49万亿元，同比减少0.79%；农险保额4.72万亿元，为1.78亿户次农户提供风险保障。2021年外商直接投资（不含银行、证券、保险领域）新设立企业47643家，同比增长23.5%。实际使用外商直接投资金额11494亿元，增长14.9%，折1735亿美元，增长20.2%。其中"一带一路"沿线国家对华直接投资新设立企业5336家，增长24.3%；对华直接投资金额743亿元，增长29.4%，折112亿美元，增长36.0%。

上市并购：企业上市数量稳步增长，并购数量大幅增加

2021年，我国农业领域共有18家企业IPO上市，共融资46.43亿美元，其中有12家企业得到VC/PE的支持，IPO上市企业数量与融资金额较2020年有所增长。上市企业涉足更多交叉行业领域，2021年度农业领域IPO上市的18家企业中，有11家企业在农业行业上市，其余7家企业既涉足农业领域，又涉足金融、化工、生产制造、消费生活、地产建筑、电子商务、材料、医疗健康、文体等行业。

2021年，农业领域全年完成股权并购案例183起，并购金额51.08亿美元，与2020年相比，并购数量上升45.23%，并购金额下降60.24%。从二级行业分布来看，并购主要集中在农业行业，并购案例数量占比为57.92%，并购交易金额占比为67.79%。从地区分布来看，东部地区并购案例最多，数量占比为65.93%，并购金额占比为78.46%。中部和西部地区并购案例数量占比为21.43%、12.64%，并购金额占比为6.12%、15.42%。

投资热点：传统产业持续领跑，现代产业加速发展

2021年，农业领域的投资除集中在传统产业外，智慧农业继续受资本青睐，农林牧渔服务业和生物农业成为本年度新的投资热点。2021年我国农业产业共有15家农资企业获得投资，涉及投资金额4.24亿美元；23家畜牧企业获得投资，涉及投资金额17.99亿美元；302家农产品及食品加工企业获得投资，涉及投资金额66.13亿美元；智慧农业已披露获得投资金额1.64亿美元；生物农业已披露获得投资金额1.13亿美元。2021年，农业领域股权融资金额TOP10投资案例中，农产品及食品加工业投资案例所占比重最大，高达5起，其次是畜牧业占到4起，此外还有农业电商投资案例1起。

2021年，世界外商直接投资行情大幅回暖，投资额达1.58万亿美元，较上年提升64%。世界农业市场上，在线零售行业仍是最大投资热点，其中最大一轮融资来自中国的社区团购龙头兴盛优选。除此之外，云零售基础设施、创新食品和店内餐饮及零售技术也是投资重点关注领域；从地域上看，美国仍是全球最大的农业食品技术风险投资市场。

目 录 Contents

1　中国农业发展概览

1.1　中国农产品市场供求分析 003
 1.1.1　粮食播种面积小幅增加，粮食产量再创新高 003
 1.1.2　谷物进口量突飞猛进，肉类进口量略有下降 006

1.2　中国农业发展现状 008
 1.2.1　农业综合生产能力持续提升，粮食种植结构继续优化 008
 1.2.2　脱贫攻坚成果持续巩固，城乡收入差距继续缩小 009

1.3　中国农业产业政策 011
 1.3.1　涉农政策现状 011
 1.3.2　市场对涉农政策的需求 016

1.4　现代农业发展趋势 018
 1.4.1　低碳化促进农业绿色发展 018
 1.4.2　机械化赋能农业现代化发展 019
 1.4.3　数字化助推农业高质量发展 019

1.5　农业发展新业态 020
 1.5.1　休闲农业 020
 1.5.2　设施农业 021
 1.5.3　低碳农业 022

2　中国农业产业投资情况

- 2.1 中国农业产业整体投资情况 027
  - 2.1.1 社会投资情况 027
  - 2.1.2 固定资产投资情况 028
  - 2.1.3 专项资金投资情况 031
- 2.2 中国涉农产业基金情况 032
- 2.3 中国农业股权投资情况 034
  - 2.3.1 中国农业产业股权投资总体情况 034
  - 2.3.2 中国农业产业投资二级行业分布 036
  - 2.3.3 中国农业产业投资地域分布 039
  - 2.3.4 2021年投资阶段变化趋势 042
- 2.4 中国农业非股权投资情况 043
  - 2.4.1 中国财政支农的情况及特点 043
  - 2.4.2 中国涉农信贷情况 046
  - 2.4.3 中国农业产业企业债券情况 058
  - 2.4.4 中国农业产业保险情况 060
  - 2.4.5 2021年中国非金融领域投资情况 063

3　中国农业领域企业上市情况

3.1　中国农业领域企业 IPO 上市情况 069
3.1.1　2021 年中国企业 IPO 上市总体情况 069
3.1.2　2021 年中国农业领域企业 IPO 上市情况 070
3.1.3　2012—2021 年中国农业领域企业 IPO 上市发展趋势 073

3.2　VC/PE 背景的农业企业 IPO 上市情况 078
3.2.1　VC/PE 背景的农业企业 IPO 上市及融资情况 078
3.2.2　投资回报情况 079

3.3　农业领域企业上市整体表现 086

4　中国农业企业并购情况

4.1　中国产业股权并购总体情况 089
4.1.1　交易趋势及规模 089
4.1.2　国内并购 VS 跨国并购 090
4.1.3　行业分布 091

4.2　中国农业产业股权并购情况 092
4.2.1　总体情况 092
4.2.2　二级行业分布 093

  4.2.3 国内并购 VS 跨国并购 094

  4.2.4 地区分布 096

 4.3 农业领域并购整体表现 097

5 投资热点分析

5.1 投资领域分析 101

  5.1.1 农资 101

  5.1.2 畜牧业 105

  5.1.3 农产品及食品加工业 111

  5.1.4 农林牧渔相关服务业 117

  5.1.5 智慧农业 121

  5.1.6 生物农业 128

5.2 投资行为分析 132

  5.2.1 投资机构农业投资行为总览 132

  5.2.2 投资机构农业投资行为变化趋势 135

6　投资案例分析

- 6.1　世界农业巨头投资经验 139
  - 6.1.1　世界农业巨头发展集锦 139
  - 6.1.2　2021年世界典型农业产业投资案例 143
- 6.2　2021年中国农业产业案例分享 145
  - 6.2.1　VC/PE投资案例 145
  - 6.2.2　上市案例 149
  - 6.2.3　并购案例 152
  - 6.2.4　大型机构涉足农业的案例 154
- 6.3　2021年世界投资形势 155
  - 6.3.1　2021年世界对外直接投资形势 155
  - 6.3.2　2021年世界农业产业投资形势 157

- 附录1　农业产业定义及分类 159
- 附录2　2021年农业领域VC/PE背景企业IPO上市情况 161

中国农业发展概览

1.1　中国农产品市场供求分析

1.1.1　粮食播种面积小幅增加，粮食产量再创新高

2021年，我国粮食总产量68285万吨，比2020年增加1336万吨，增产2.0%，粮食产量再创新高（见图1-1）。近十年全国粮食产量总体呈现上涨的趋势，除2018年略有下降外，2012年起全国粮食产量逐年增长，2021年达到产量峰值68285万吨。2016—2019年粮食产量呈现小幅度波动，但是总体产量相对稳定。2020年虽遭新冠肺炎疫情的严重冲击，但粮食仍增产0.9%，达到66949万吨。2021年夏粮、早稻和秋粮均实现增产，全国粮食产量连续七年保持在6.6亿吨以上。粮食再获丰收有力保障了国家粮食安全，为应对各种风险挑战、确保经济持续健康发展和社会大局稳定发挥了农业"压舱石"作用，为"十四五"开好局起好步、推动经济高质量发展、构建新发展格局奠定了坚实基础[①]。

2021年全国两会上，提出了压实粮食生产责任，确立了粮食安全要实行党政同责，落实最严格的耕地保护制度，进一步加大粮食生产扶持力度，支持复垦撂荒地，开发冬闲田。总体来看，2021年粮食种植面积11763万公顷，比2020年增加86万公顷，增幅0.7%。其中，稻谷种植面积2992万公顷，减少15万公顷；小麦种植面积2357万公顷，增加19万公顷；玉米种植面积4332万公顷，增加206万公顷。棉花种植面积303万公顷，减少14万公顷。油料种植面积1310万公顷，减少

---

① 王明华.王明华：粮食产量再创新高　畜牧业生产稳定增长[EB/OL].（2022-01-18）[2022-07-30].中国经济网, http://www.ce.cn/xwzx/gnsz/gdxw/202201/18/t20220118_37264981.shtml.

3万公顷。糖料种植面积146万公顷，减少11万公顷[①]。

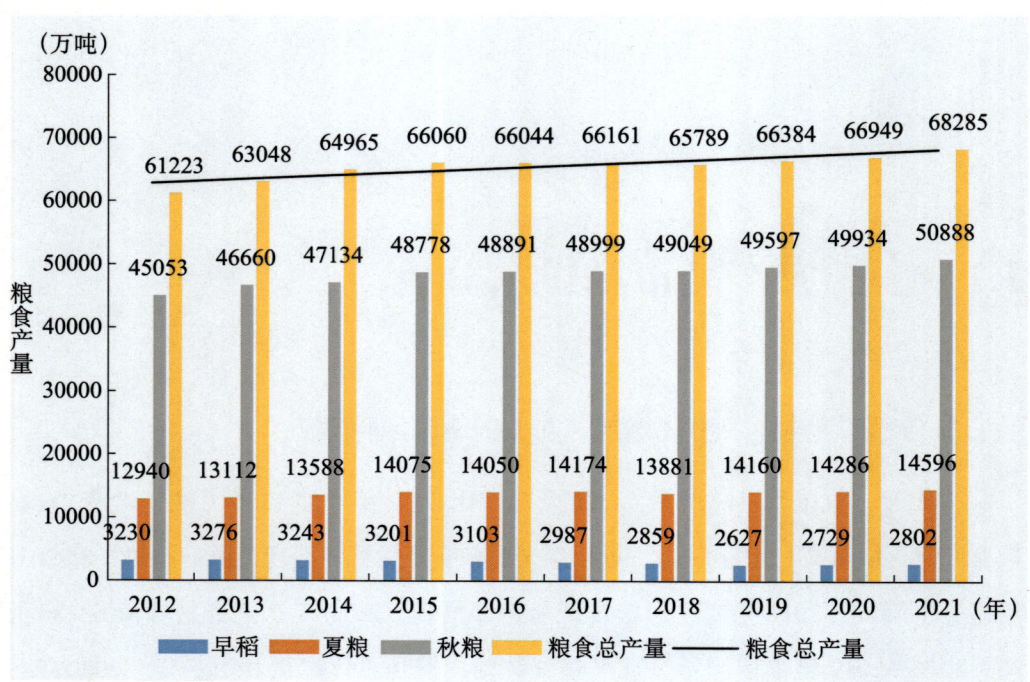

图1-1　2012—2021年我国粮食产量

资料来源：国家统计局，西部发展研究院整理，2022年7月。

2021年，全国粮食作物单位面积产量5805公斤/公顷（387公斤/亩），增长1.2%。全国谷物单产6316公斤/公顷（421公斤/亩），每公顷产量比上年增加20.8公斤，增长0.3%。其中，稻谷单产7113公斤/公顷（474公斤/亩），增长1.0%；小麦单产5811公斤/公顷（387公斤/亩），增长1.2%；受河南等黄淮海地区洪涝灾害影响，玉米单产6291公斤/公顷（419公斤/亩），每亩产量比去年减少1.7公斤，下降0.4%；豆类单产下降1.2%，薯类单产微增0.2%。粮食单位面积产量增加的原因主要有以下几点：一是全国主要农区大部分时段光、温、水匹配良好，气象条件总体有利于粮食作物生长发育和产量形成，尽管部分地区洪涝灾害和干旱对生产造成一定影响，但各地加强田间管理，积极抗灾减灾，农业灾情对粮食生产影响

---

① 国家统计局.中华人民共和国2021年国民经济和社会发展统计公报[EB/OL].（2022-02-28）.http://www.stats.gov.cn/tjsj/zxfb/202202/t20220227_1827960.html.

有限；二是高产作物玉米播种面积扩大，占粮食作物比重提高，促进粮食单产增加；三是政府对粮食生产的大力支持，各地层层压实粮食生产责任，落实最严格的耕地保护制度，进一步加大粮食生产扶持力度，提高农民种粮积极性。[①]

2021年全国棉花产量573万吨，比上年减产3.0%；油料产量3613万吨，增产0.8%；糖料产量11451万吨，减产4.7%；茶叶产量318万吨，增产7.1%。全国猪、牛、羊、禽肉产量8887万吨，比上年增长16.3%。其中，猪肉产量大幅增长，牛、羊、禽肉产量稳定增长。具体来看，猪肉产量5296万吨，增长28.8%；牛肉产量698万吨，增长3.7%；羊肉产量514万吨，增长4.4%；禽肉产量2380万吨，增长0.8%。禽蛋产量3409万吨，下降1.7%。牛奶产量3683万吨，增长7.1%。[②] 具体数据见表1–1。

表1–1　　　　　　　　2021年中国农产品产量情况

种类	2020年产量（万吨）	2021年产量（万吨）	增长率（%）
粮食	66949	68285	2.0
其中：夏粮	14286	14596	2.2
早稻	2729	2802	2.7
秋粮	49934	50888	1.9
稻谷	21186	21284	0.5
小麦	13425	13695	2.0
玉米	26067	27255	4.6
棉花	591	573	–3.0
油料	3585	3613	0.8
糖料	12028	11451	–4.7
茶叶	297	318	7.1
肉类	7639	8887	16.3
其中：猪肉	4113	5296	28.8
牛肉	672	698	3.7
羊肉	492	514	4.4

① 国家统计局.关于2021年粮食产量数据的公告[EB/OL].（2021–12–06）. http://www.stats.gov.cn/xxgk/sjfb/zxfb2020/202112/t20211206_1825071.html.

② 国家统计局.中华人民共和国2021年国民经济和社会发展统计公报[EB/OL].（2022–02–28）. http://www.stats.gov.cn/tjsj/zxfb/202202/t20220227_1827960.html.

续表

种类	2020年产量（万吨）	2021年产量（万吨）	增长率（%）
禽肉	2361	2380	0.8
禽蛋	3468	3409	-1.7
牛奶	3440	3683	7.1
水产品	6545	6693	2.2
其中：养殖水产品	5215	5388	3.1
捕捞水产品	1330	1305	-1.9

资料来源：国家统计局，西部发展研究院整理，2022年7月。

2021年，我国粮食播种面积增长0.7%，面临河南等地极端强降雨引发的洪涝灾害、黄河中下游严重秋汛以及西北陕甘宁局部地区阶段性干旱等自然灾害，我国粮食单位面积产量仍然取得稳步增长，充分体现了乡村振兴背景下发展现代农业的重大意义。

1.1.2 谷物进口量突飞猛进，肉类进口量略有下降

2021年，我国农产品进出口额3041.7亿美元，同比增长23.2%。其中，出口843.5亿美元，增长10.9%；进口2198.2亿美元，增长28.6%；贸易逆差1354.7亿美元，增长42.9%。[①] 1999—2021年我国农产品进出口情况见图1-2。

具体来看，谷物进口量突飞猛进，达到6537.6万吨，同比增长82.7%，进口额200.7亿美元，增长1.1倍；出口262.0万吨，增长1.0%，出口额11.8亿美元，增长9.4%。其中，小麦进口977万吨，同比增长16.6%；玉米进口2835万吨，同比增长152.2%；稻谷及大米进口496万吨，同比增长68.7%；大麦进口1248万吨，同比增长54.5%。2020年我国大豆进口首次突破1亿吨，2021年大豆进口量略有下降，为9652万吨，比上年下降3.8%。食用油籽与食用植物油进口量分别下降3.9%和3.7%，分别为10205万吨与1039万吨。

---

① 农业农村部 2021年我国农产品进出情况[EB/OL].（2022-01-27）. http://www.moa.gov.cn/ztzl/nybrl/rlxx/202201/t20220127_6387781.htm.

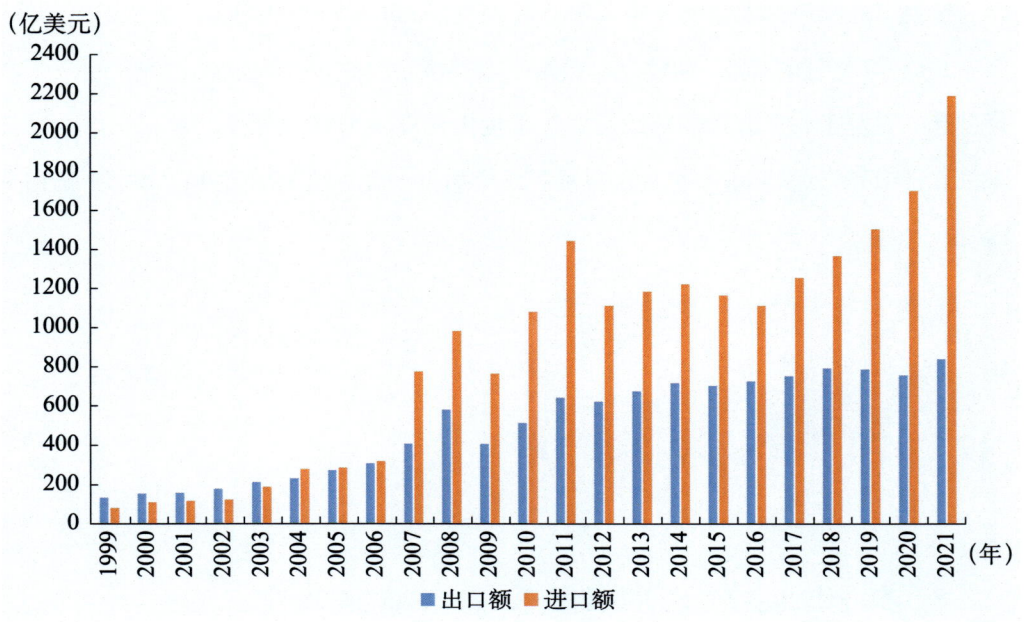

图 1-2　1999—2021 年中国农产品进出口额

资料来源：国家统计局，西部发展研究院整理，2022 年 7 月。

2021 年我国猪肉产量供应充足，相较于 2020 年增长 28.8%，供大于求，因此 2021 年我国猪肉进口量略有下降。牛、羊、禽作为猪肉消费需求的互补品与替代品价格也随之波动。根据海关总署发布的数据，2021 年全年，中国肉类（含杂碎）累计进口 938 万吨，同比下降 5.4%。其中，猪肉进口 371 万吨，同比下降 15.5%；羊肉进口 41 万吨，同比上升 12.5%；牛肉进口 233 万吨，同比增加 10.1%（见表 1-2）。

表 1-2　2021 年主要农产品进口数量及增长速度

商品名称	进口数量（万吨）	增长率（%）	商品名称	进口数量（万吨）	增长率（%）
谷物	6537.60	82.70	油菜籽	265.00	-14.00
小麦	977.00	16.60	食用植物油	1039.00	-3.70
大麦	1248.00	54.50	食用油籽	10205.00	-3.90
玉米	2835.00	152.20	猪肉	371.00	-15.50
稻谷及大米	496.00	68.70	牛肉	233.00	10.10
大豆	9652.00	-3.80	羊肉	41.00	12.50

资料来源：国家统计局，西部发展研究院整理，2022 年 7 月。

根据农业农村部发布的《中国农业展望报告（2022—2031）》，未来 10 年，我国农业发展基础更加牢固，乡村全面振兴将取得决定性进展，农业农村现代化水平显著提升。受益于农业政策的持续发力，粮食播种面积有望稳定在 17.5 亿亩以上，我国粮食自给率将达到 88% 左右，玉米等农产品供求关系由偏紧逐步向基本平衡格局转变。①

1.2 中国农业发展现状

1.2.1 农业综合生产能力持续提升，粮食种植结构继续优化

2021 年，我国农业发展取得显著成效，农业综合生产能力实现新提升。一方面，第一产业增加值 83085.5 亿元，增长 7.0%，占国内生产总值比重为 7.3%，略微慢于国内生产总值的增速。同时，第一产业投资额达 14275 亿元，比上年增长 9.1%。另一方面，全年粮食产量 68285 万吨，粮食生产再获丰收，产量连续 7 年保持在 6.6 亿吨以上，为国家粮食安全铸造了更加坚硬的堡垒。②

2021 年，农业农村部扎实推动"三农"各项工作，全面完成年度目标任务，夏粮、早稻、秋粮均实现增产。在巩固粮食产量的基础上，继续优化粮食种植结构，水稻种植面积适度减少，小麦种植面积适度增加，玉米产能继续提升，三种粮食（水稻、小麦、玉米）的播种面积将近 9681 万公顷。2021 年建设高标准农田总面积达 367 万公顷（5510 万亩），占耕地面积的 62.4%，粮食总产 408.76 亿公斤。"旱涝保收、高产稳产，一季千斤、两季吨粮"的高标准农田建设为稳定粮食生产发挥了重要的支撑作用。同时完善高标准农田的灌排设施、农机道路等相关基础设施，有

---

① 未来十年我国粮食自给率将提高到 88% 左右 [N/OL]. 光明日报，https://news.gmw.cn/2022-04/21/content_35674664.htm，2022-04-21.
② 国家统计局. 中华人民共和国 2021 年国民经济和社会发展统计公报 [EB/OL].（2022-02-28）. http://www.stats.gov.cn/tjsj/zxfb/202202/t20220227_1827960.html.

效推动了土地规模经营和机械化发展。

2021年全面实施种业振兴行动，我国新增多个亩产超过1000公斤的超级稻品种，全国农作物良种覆盖率超过96%。同时，农业应用技术不断发展，农业科技进步贡献率达到61%，农作物种源自给率超过95%。农作物耕种收机械化率超过72%，特别是小麦的综合机械化率超过97%。全国农业社会化服务组织发展迅速，生产托管服务逐渐搭建小农户与现代农业的桥梁。

1.2.2 脱贫攻坚成果持续巩固，城乡收入差距继续缩小

2021年，全国居民恩格尔系数为29.8%，比上年下降0.4个百分点；居民人均服务性消费支出比上年增长17.8%，占居民人均消费支出比重为44.2%，比上年提高1.6个百分点。2021年，脱贫县农村居民人均可支配收入14051元，比上年名义增长11.6%，实际增长10.8%，快于全国农村居民人均可支配收入增速[①]。

2021年，乡村振兴战略深入实施，城乡居民收入差距继续缩小。农村居民人均可支配收入实际增速快于城镇居民2.6个百分点；城乡居民人均可支配收入比值为2.50，比上年缩小0.06（见图1-3）。

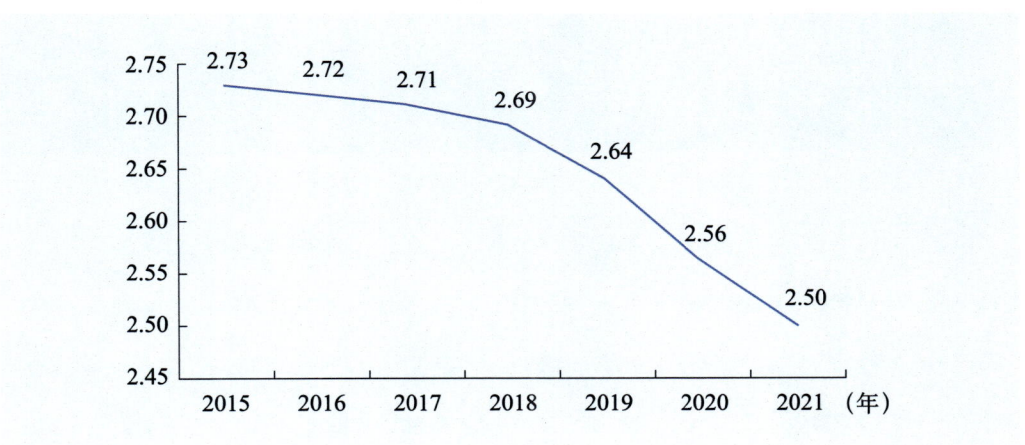

图1-3　2015—2021年中国城乡居民收入比

资料来源：国家统计局，西部发展研究院整理，2022年7月。

---

① 国家统计局.中华人民共和国2021年国民经济和社会发展统计公报[EB/OL].（2022-02-28）. http://www.stats.gov.cn/tjsj/zxfb/202202/t20220227_1827960.html.

2021 年，全国居民人均可支配收入 35128 元，比上年名义增长 9.1%，扣除价格因素，实际增长 8.1%；比 2019 年增长（以下如无特别说明，均为同比名义增速）14.3%，两年平均增长 6.9%，扣除价格因素，两年平均实际增长 5.1%。分城乡看，城镇居民人均可支配收入 47412 元，增长 8.2%，扣除价格因素，实际增长 7.1%；农村居民人均可支配收入 18931 元，增长 10.5%，扣除价格因素，实际增长 9.7%。2021 年，全国居民人均可支配收入中位数 29975 元，增长 8.8%，中位数是平均数的 85.3%。其中，城镇居民人均可支配收入中位数 43504 元，增长 7.7%，中位数是平均数的 91.8%；农村居民人均可支配收入中位数 16902 元，增长 11.2%，中位数是平均数的 89.3%。从收入结构来看，农村居民人均工资性收入达到 7958 元，占农村居民可支配收入比例最高，约为 42%，较上年名义增长 14.1%；人均经营净收入次之，达 6566 元，占比 34.7%；人均转移净收入 3937 元，占比 20.8%；人均财产净收入 469 元，占比最低，约为 2.48%。由表 1-3 可知，2021 年农村居民人均可支配收入各来源均有所增加，家庭经营性收入与转移性收入所占比重呈小幅下降趋势，工资性收入与财产性收入所占比重呈小幅上升趋势。

表 1-3　　2016—2021 年农村居民人均可支配收入及各收入来源

年份	农村居民人均可支配收入（元）	工资性收入		家庭经营性收入		转移性收入		财产性收入	
		收入（元）	占比（%）	收入（元）	占比（%）	收入（元）	占比（%）	收入（元）	占比（%）
2016	12363	5022	40.60	4741	38.40	2328	18.80	272	2.20
2017	13432	5498	40.90	5028	37.40	2603	19.40	303	2.30
2018	14617	5996	41.00	5358	36.70	2920	20.00	342	2.30
2019	16021	6583	41.10	5762	35.97	3298	20.59	377	2.35
2020	17131	6974	40.70	6077	35.50	3661	21.40	419	2.40
2021	18931	7958	42.00	6566	34.70	3937	20.80	469	2.48

资料来源：国家统计局，西部发展研究院整理，2022 年 7 月。

1.3 中国农业产业政策

1.3.1 涉农政策现状

2021年1月4日，中共中央、国务院发布《中共中央 国务院关于全面推进乡村振兴加快农业农村现代化的意见》，这是党中央连续发出的第18个指导"三农"工作的"中央一号文件"。文件指出，民族要复兴，乡村必振兴。要坚持把解决好"三农"问题作为全党工作的重中之重，把全面推进乡村振兴作为实现中华民族伟大复兴的一项重大任务，举全党全社会之力加快农业农村现代化。

2021年，国家有关部委先后发布多项有关农业的政策及通知。其中，财政部、农业农村部发布的《关于加强政策性农业保险承保机构遴选管理工作的通知》，旨在进一步加强政策性农业保险承保机构管理，优化农业保险市场布局，提升农业保险服务质量，提高财政资金使用效益；农业农村部发布的《关于统筹利用撂荒地促进农业生产发展的指导意见》，旨在有效遏制耕地撂荒，充分挖掘保供潜力，让广大农民群众珍惜土地、用好耕地，保证稳定粮食生产，牢牢守住国家粮食安全的生命线；《自然资源部 国家发展改革委 农业农村部关于保障和规范农村一二三产业融合发展用地的通知》，目的在于发展县域经济，顺应农村产业发展规律，保障农村一二三产业融合发展合理用地需求，为农村产业发展壮大留出用地空间。2021年中国农业产业政策概览见表1-4。

表1-4　2021年中国农业产业政策概览

时间	发布机构	名称	内容
2020年12月16日	财政部、农业农村部	关于加强政策性农业保险承保机构遴选管理工作的通知	为贯彻落实《关于加快农业保险高质量发展的指导意见》精神，进一步加强政策性农业保险承保机构管理，优化农业保险市场布局，提升农业保险服务质量，提高财政资金使用效益，现就加强政策性农业保险承保机构遴选管理工作有关事项通知如下：一是全面开展政策性农业保险承保机构遴选；二是加强对承保机构遴选工作的组织领导；三是推动提升承保机构服务能力

续表

时间	发布机构	名称	内容
2021年1月14日	中央农办、农业农村部	关于做好当前农村地区新冠肺炎疫情防控有关工作的通知	《通知》强调，要充分发挥农村基层组织作用，组织开展联防联控，切实落实疫情防控责任和措施；《通知》要求，要切实抓好疫情中高风险地区农产品供应，满足城乡居民生活需求，保障农业生产资料物流畅通，严禁未经县级及以上地方人民政府批准擅自设卡拦截、随意断路封路阻断交通的行为，不得随意以防疫为借口拦截农资运输车辆
2021年1月22日	农业农村部办公厅	关于印发《2021年农业转基因生物监管工作方案》的通知	认真贯彻2020年中央经济工作会议、中央农村工作会议及全国农业农村厅局长会议精神，严格落实《生物安全法》《种子法》《农业转基因生物安全管理条例》等法律法规，坚持"两手抓""两促进"，既要加快推进生物育种研发应用，又要依法依规严格监管，严肃查处非法制种、知识产权侵权等违法违规行为，保障农业转基因研发应用健康有序发展。监管重点是压实主体责任、加强研究试验监管、加强南繁基地监管、加强品种审定监管、加强制种环节监管、加强种子加工经营监管、加强进口加工监管、加强病虫害发生动态监测
2021年1月28日	自然资源部、国家发展改革委、农业农村部	关于保障和规范农村一二三产业融合发展用地的通知	为贯彻落实党中央、国务院优先发展农业农村、全面推进乡村振兴的决策部署，发展县域经济，顺应农村产业发展规律，保障农村一二三产业融合发展合理用地需求，为农村产业发展壮大留出用地空间，现通知如下：一、明确农村一二三产业融合发展用地范围；二、引导农村产业在县域范围内统筹布局；三、拓展集体建设用地使用途径；四、大力盘活农村存量建设用地；五、保障设施农业发展用地；六、优化用地审批和规划许可流程；七、强化用地监管
2021年1月4日	中共中央、国务院	中共中央 国务院关于全面推进乡村振兴加快农业农村现代化的意见	以习近平新时代中国特色社会主义思想为指导，全面贯彻党的十九大和十九届二中、三中、四中、五中全会精神，贯彻落实中央经济工作会议精神，统筹推进"五位一体"总体布局，协调推进"四个全面"战略布局，坚定不移贯彻新发展理念，坚持稳中求进工作总基调，坚持加强党对"三农"工作的全面领导，坚持农业农村优先发展，坚持农业现代化与农村现代化一体设计、一并推进，坚持创新驱动发展，以推动高质量发展为主题，统筹发展和安全，落实加快构建新发展格局要求，巩固和完善农村基本经营制度，深入推进农业供给侧结构性改革，把乡村建设摆在社会主义现代化建设的重要位置，全面推进乡村产业、人才、文化、生态、组织振兴，充分发挥农业产品供给、生态屏障、文化传承等功能，走中国特色社会主义乡村振兴道路，加快农业农村现代化，加快形成工农互促、城乡互补、协调发展、共同繁荣的新型工农城乡关系，促进农业高质高效、乡村宜居宜业、农民富裕富足，为全面建设社会主义现代化国家开好局、起好步提供有力支撑

续表

时间	发布机构	名称	内容
2021年1月8日	农业农村部	农业农村部关于落实好党中央、国务院2021年农业农村重点工作部署的实施意见	2021年是"十四五"开局之年，是建党100周年，做好农业农村工作具有特殊重要意义。一是全力抓好粮食和农业生产，保障粮食等重要农产品有效供给，奋力夺取全年粮食丰收，促进生猪等畜禽生产平稳发展，推进渔业提质增效，统筹抓好棉油糖等生产，科学做好农业防灾减灾，深化农业对外合作。二是提升物质技术装备水平，强化现代农业基础支撑，加强高标准农田建设，打好种业翻身仗，大力推进农业机械化，强化农业科技支撑服务，加快发展智慧农业。三是深入推进农业绿色发展，持续改善农业生态环境，推行农业绿色生产方式，全面实施长江"十年禁渔"，切实加强耕地质量建设，强化农业废弃物资源化利用，强化农产品质量安全。四是大力发展乡村富民产业，提升产业链供应链现代化水平，打造农业全产业链，加强农产品流通体系建设，建设农业现代化示范区，推动脱贫地区特色产业可持续发展。五是推进乡村建设行动，建设美丽宜居乡村，启动实施农村人居环境整治提升五年行动，推动乡村基础设施和公共服务建设，加强和改进乡村治理。六是推进农村重点领域改革，增强农业农村发展活力，完善农村土地承包管理制度，稳慎推进农村宅基地制度改革，基本完成农村集体产权制度改革任务，培育壮大家庭农场和农民合作社，大力发展农业专业化社会化服务，深入推进农垦改革发展。七是强化支撑保障，落实落细各项决策部署，健全乡村振兴工作推进机制，建立"十四五"农业农村规划落实机制，加强乡村振兴人才队伍建设，扩大农业农村有效投资，强化农业农村法治建设
2021年3月5日	农业农村部办公厅、财政部办公厅	农业农村部办公厅 财政部办公厅关于统筹做好2021年农业产业融合发展项目申报工作的通知	各地应立足优势和资源禀赋，瞄准农业全产业链开发，明确发展主导产业和优先顺序，构建以产业强镇为基础、产业园为引擎、产业集群为骨干，省县乡梯次布局、点线面协同推进的现代乡村产业体系，加快推动品种培优、品质提升、品牌培育和标准化生产，整体提升产业发展质量效益和竞争力。国家现代农业产业园要立足县域，以规模化种养为基础，推进"生产+加工+科技"一体化发展，集聚现代要素和经营主体，加快产业全环节升级全链条增值，全面推行绿色生产方式，创新科技集成和联农带农机制，着力打造引领带动乡村产业振兴的平台载体和农业现代化的"引擎"
2021年3月15日	农业农村部办公厅	农业农村部办公厅关于印发《农业生产"三品一标"提升行动实施方案》的通知	到2025年，育种创新取得重要进展，农产品品质明显提升，农业品牌建设取得较大突破，农业质量效益和竞争力持续提高。培育一批有自主知识产权的核心种源和节水高抗新品种，建设绿色标准化农产品生产基地800个、畜禽养殖标准化示范场500个，打造国家级农产品区域公用品牌300个、企业品牌500个、农产品品牌1000个，绿色食品、有机农产品、地理标志农产品数量达到6万个以上，食用农产品达标合格证制度试行取得积极成效

续表

时间	发布机构	名称	内容
2021年3月21日	农业农村部	农业农村部关于开展全国农业种质资源普查的通知	2021—2023年，组织开展全国农作物、畜禽和水产种质资源普查。其中，要全面完成第三次全国农作物种质资源普查与收集行动，实现对全国2323个农业县（市、区、旗）的全覆盖；启动并完成第三次全国畜禽遗传资源普查，实现对全国所有行政村的全覆盖；启动并完成第一次全国水产养殖种质资源普查，实现对全国所有养殖场（户）主要养殖种类的全覆盖。通过普查，摸清全国农作物、畜禽和水产养殖种质资源种类、数量、分布及主要性状等基本情况，掌握变化情况与趋势，发布种质资源普查报告，有效收集和保护珍稀、濒危、特有资源，实现应收尽收、应保尽保
2021年5月4日	人力资源社会保障部、国家发展改革委、财政部、农业农村部、国家乡村振兴局	关于切实加强就业帮扶巩固拓展脱贫攻坚成果助力乡村振兴的指导意见	以习近平新时代中国特色社会主义思想为指导，深入贯彻党的十九大和十九届二中、三中、四中、五中全会和全国脱贫攻坚总结表彰大会精神，坚持以人民为中心的发展思想，严格落实"四个不摘"总体要求，健全脱贫人口、农村低收入人口就业帮扶领导体制和工作体系，促进脱贫人口稳定就业，增强脱贫稳定性，完善农村低收入人口和欠发达地区就业帮扶机制，助力提升脱贫地区整体发展水平，为巩固拓展脱贫攻坚成果、全面推进乡村振兴作出贡献
2021年5月18日	中国人民银行、中央农办、农业农村部、财政部、银保监会、证监会	关于金融支持新型农业经营主体发展的意见	《意见》指出，当前，家庭农场、农民合作社、农业社会化服务组织等新型农业经营主体已逐步成为保障农民稳定增收、农产品有效供给、农业转型升级的重要力量。做好新型农业经营主体金融服务，对于巩固拓展脱贫攻坚成果、助力乡村全面振兴和农业农村现代化、构建新发展格局具有重要意义
2021年5月26日	农业农村部	农业农村部关于加快农业全产业链培育发展的指导意见	《意见》强调，要坚持统筹谋划、协同推进、创新驱动和联农带农，构建完整完备的农业全产业链。聚焦规模化主导产业，建设标准化、规模化、机械化、优质化原料基地。发展精细化综合加工，实现减损增效，提升加工转化增值空间。搭建体系化物流网络，提高农产品商品化处理、错峰销售和产地集散分销能力。开展品牌化市场营销，塑强精品区域公共品牌，共创企业品牌，培育产品品牌。推进社会化全程服务，建立社会化、专业化、市场化服务体系。推广绿色化发展模式，实现全产业链全程绿色化发展。促进数字化转型升级，构建全过程管理数据和分析服务模型
2021年7月7日	农业农村部	农业农村部关于加快发展农业社会化服务的指导意见	提出大力发展多元化、多层次、多类型的农业社会化服务，力争经过5—10年努力，基本形成组织结构合理、专业水平较高、服务能力较强、服务行为规范、全产业链覆盖的农业社会化服务体系，为全面推进乡村振兴、加快农业农村现代化提供有力支撑

续表

时间	发布机构	名称	内容
2021年8月5日	农业农村部、国家发展改革委、财政部、生态环境部、商务部、银保监会	关于促进生猪产业持续健康发展的意见	以习近平新时代中国特色社会主义思想为指导,全面贯彻党的十九大和十九届二中、三中、四中、五中全会精神,按照党中央、国务院决策部署,以保障猪肉基本自给为目标,建立预警及时、措施精准、响应高效的生猪生产逆周期调控机制,激发市场主体发展活力,不断提升生猪产业质量、效益和竞争力,形成长期稳定的猪肉供应安全保障能力,更好满足人民群众消费需求
2021年8月20日	交通运输部、农业农村部	关于全力做好农业生产物资运输服务保障工作的通知	为深入贯彻落实国务院联防联控机制决策部署,统筹做好农业生产物资(种子种苗、农药、肥料、农膜、饲料产品及饲料原料、兽药、疫苗、种畜禽、仔畜雏禽、转场蜜蜂、水产苗种、农机具及零配件、相关物资包装等)运输服务保障工作,全力支撑农业生产,确保粮食和重要副食品安全,现就有关事项通知如下:一是全力做好农业生产物资运输供需对接;二是强化农业生产物资运输车辆通行保障;三是及时协调解决农业生产物资运输保障事项;四是落实道路货运领域疫情防控措施
2021年8月23日	农业农村部、国家发展改革委、科技部、自然资源部、生态环境部、国家林草局	关于印发《"十四五"全国农业绿色发展规划》的通知	推进农业绿色发展是一项系统工程、一项艰巨任务,需要加强协调、密切配合,共同推进《"十四五"全国农业绿色发展规划》任务落实。要目标同向,聚焦农业绿色发展重点任务,列出清单,细化措施,逐项落实。资源同聚,资金、人才、技术等资源要素要向农业绿色发展的重点领域和重点区域聚集,发挥集合效应,提升农业发展质量。力量同汇,创新推进机制,形成政府引导、市场主导、社会参与的格局
2021年10月22日	农业农村部	关于促进农业产业化龙头企业做大做强的意见	坚持市场导向,坚持创新驱动,坚持全链打造,坚持联农带农。以保障国家粮食安全和重要农产品有效供给为根本目标,以打造农业全产业链为重点任务,以建立联农带农利益联结机制为纽带,促进小农户和现代农业发展有机衔接,构建农民主体、企业带动、科技支撑、金融助力的现代乡村产业体系,为全面推进乡村振兴和农业农村现代化夯实产业根基
2021年11月17日	农业农村部	关于拓展农业多种功能促进乡村产业高质量发展的指导意见	在确保粮食安全和保障重要农产品有效供给的基础上,以生态农业为基、田园风光为韵、村落民宅为形、农耕文化为魂,贯通产加销、融合农文旅,促进食品保障功能坚实稳固、生态涵养功能加快转化、休闲体验功能高端拓展、文化传承功能有形延伸,打造美丽宜人、业兴人和的社会主义新乡村,推动农业高质高效、乡村宜居宜业、农民富裕富足,为全面推进乡村振兴、加快农业农村现代化提供有力支撑

资料来源:西部发展研究院整理,2022年7月。

1.3.2　市场对涉农政策的需求

（1）守好"三农"基础，稳住农业基本盘

2021年是"十四五"开局之年，是建党100周年，做好农业农村工作具有特殊重要意义。迫切需要稳住农业基本盘，守好"三农"基础，应对国内外各种风险挑战；扩大农村需求，畅通城乡经济循环，构建新发展格局。

首先，保证提升粮食和重要农产品供给保障能力。深入实施重要农产品保障战略，完善粮食安全省长责任制和"菜篮子"市长负责制，确保粮、棉、油、糖、肉等供给安全。"十四五"时期各省（自治区、直辖市）要稳定粮食播种面积、提高单产水平。加强粮食生产功能区和重要农产品生产保护区建设，建设国家粮食安全产业带，稳定种粮农民补贴，让种粮有合理收益。坚持并完善稻谷、小麦最低收购价政策，完善玉米、大豆生产者补贴政策。深入推进农业结构调整，推动品种培优、品质提升、品牌打造和标准化生产。

其次，不断完善基础设施建设，持续提升公共服务水平，加强水利建设，改善交通条件，保护好人们的居住环境，提高农民生活水平，提高农村居民社会保障水平。另外，要加强人才支持力度，加大对人力资本的投资，引导更多人才流向农村，加入基层建设，培养更多了解农业、热爱农业、扎根基层的人才，提高农村教育质量，培养高素质农民，健全农民培训教育体系。

（2）健全现代农业全产业链标准体系，培育农业龙头企业标准"领跑者"

2021年，农业供给侧结构性改革深入推进，粮食播种面积保持稳定，产量超过6.6亿吨，生猪产业平稳发展，农产品质量和食品安全水平进一步提高，农民收入增长速度继续快于城镇居民，脱贫攻坚成果持续巩固。农业农村现代化规划启动实施，脱贫攻坚政策体系和工作机制同乡村振兴有效衔接、平稳过渡，乡村建设行动全面启动，农村人居环境整治提升，农村改革重点任务深入推进，农村社会保持和谐稳定。乡村经济结构转型升级是新农村建设的重要任务，完善农业产业链是乡村经济转型升级的关键之一。但是，现阶段我国农业产业链还存在一些问题，如联合机制不够紧密、创新能力较弱等，亟待加强引导和支持。

依托乡村特色优势资源，打造农业全产业链，把产业链主体留在县城，让农民更多分享产业增值收益。加快健全现代农业全产业链标准体系，推动新型农业经营主体按标生产，培育农业龙头企业标准"领跑者"。立足县域布局特色农产品产地初加工和精深加工，建设现代农业产业园、农业产业强镇、优势特色产业集群。推进公益性农产品市场和农产品流通骨干网络建设，开发休闲农业和乡村旅游精品线路，完善配套设施。推进农村一二三产业融合发展示范园和科技示范园区建设。把农业现代化示范区作为推进农业现代化的重要抓手，围绕提高农业产业体系、生产体系、经营体系现代化水平，建立指标体系，加强资源整合、政策集成，以县（市、区）为单位开展创建，到2025年创建500个左右示范区，形成梯次推进农业现代化的格局。创建现代林业产业示范区，组织开展"万企兴万村"行动，稳步推进反映全产业链价值的农业及相关产业统计核算。

（3）提升农业技术水平，强化现代农业的基础支撑

2021年"中央一号文件"多次强调科技对农业的重要性，先进科技可以起到很好的支撑作用，指出要强化现代农业科技和物质装备支撑，实施大中型灌区续建配套和现代化改造，到2025年全部完成现有病险水库除险加固。加强现代农业产业技术体系建设，扩大对特色优势农产品覆盖范围，面向农业全产业链配置科技资源。增加对涉农科技的投资，努力提高农业科技自主创新能力，牢牢掌握自主可控的关键核心技术，以科技创新支撑农业高质量发展。

第一，加强农村科技创新的政策支持力度和资金支持力度。强化对农业农村的金融支持，促进金融服务乡村振兴，优化资源配置，创新金融产品，实行严格的知识产权保护制度，完善知识产权相关的法律法规。第二，坚持农业科技自立自强，完善农业科技领域基础研究稳定支持机制，深化体制改革，布局建设一批创新基地平台。第三，深入开展乡村振兴科技支撑行动，支持高校为乡村振兴提供智力服务。加强农业科技社会化服务体系建设，深入推行科技特派员制度。第四，打造国家热带农业科学中心，提高农机装备自主研制能力，支持高端智能、丘陵山区农机装备研发制造，加大购置补贴力度，开展农机作业补贴。[①]

---

① 中华人民共和国中央人民政府. 2021年中共中央国务院关于全面推进乡村振兴加快农业农村现代化的意见 [EB/OL].（2021-01-04）. http://www.gov.cn/zhengce/2021-02/21/content_5588098.htm.

1.4 现代农业发展趋势

1.4.1 低碳化促进农业绿色发展

为应对气候变化，我国提出"二氧化碳排放力争于2030年前达到峰值，努力争取2060年前实现碳中和"的目标承诺。在2021年的政府工作报告中，"做好碳达峰、碳中和工作"被列为重点任务之一，"十四五"规划也将加快推动绿色低碳发展列入其中。农业农村减排固碳是实现碳达峰、碳中和的重要措施，也是潜力所在。[1]

2021年11月中国农业农村科技发展高峰论坛暨中国现代农业发展论坛发布会上，农业农村部农业生态与资源保护总站发布了农业农村减排固碳十大技术模式，涵盖种植业减排固碳、畜牧业减污降碳、渔业减排增汇和农村可再生能源替代等重点领域，主要技术内容包括稻田甲烷减排技术、农田氧化亚氮减排技术、保护性耕作固碳技术、秸秆还田固碳技术、反刍动物肠道甲烷减排技术、畜禽粪便管理温室气体减排技术、牧草生产固碳技术、渔业综合养殖碳汇技术、秸秆能源化利用技术、农村沼气综合利用技术10项。这是我国首部农业绿色发展专项规划，对"十四五"农业绿色发展工作作出系统部署和具体安排。农业农村部会同有关部门，将绿色发展作为实施乡村振兴战略的重要引领，创新工作思路，强化工作举措，转变农业发展方式，推动农业绿色发展进程。

发展低碳经济是人类应对全球气候变化的战略途径，重工业一直是减少温室气体排放的工作重点，然而，当前20%的二氧化碳、70%的甲烷及90%以上的一氧化二氮均来自农业生产活动。高投入、高产出的现代化农业主要依靠石油动力的农用机械以及大量农药和化肥的投入，它们大大提高了农业产量，也带来了土壤侵蚀、地下水污染、温室气体排放、资源破坏等一系列农业生态恶化问题。随着全球气候变化，人们开始反思和重新审视现代化农业发展模式，我国通过出台农业领域减排和增汇的相关规划和政策、积极培育和搭建农业温室气体成果共享平台、重视

---

[1] 农新. 发展低碳农业 促进农业减排固碳[J]. 农村新技术，2021（12）：4-7.

农业温室气体减排研究、积极研究和推广农业碳减排技术和标准等措施，推进低碳农业、绿色农业等可持续农业发展。

1.4.2 机械化赋能农业现代化发展

"中央一号文件"明确指出，要提高农机装备自主研制能力，支持高端智能、丘陵山区农机装备研发制造，加大购置补贴力度，开展农机作业补贴。推进农机作业社会化服务、农机维修与配件供应、农机技能培训等产业发展，做强做大农业机械化产业群和产业链。2021年3月1日，农业农村部办公厅下发做好2021年全程机械化有关工作促进粮食稳产增产的通知，并作出相关部署。

当前，我国农业生产进入机械化为主导的新阶段，主要粮食作物耕种收综合机械化率均超过80%，农业机械化和农机装备在粮食生产中起到的集成技术、节本增效、提质减损、推动规模经营作用越来越突出。但粮食生产全程机械化发展还不平衡不充分，双季稻栽植、高效植保、粮食产地烘干等环节的机械化和丘陵山区粮食生产机械化等方面尚有不少短板弱项，粮食全程机械化生产体系及管理服务措施还需要进一步优化完善。通过启动实施2021—2023年新一轮农机购置补贴政策，能够优先保障粮食生产机械购置补贴需求，提高薄弱环节机具补贴额，增加先进适用装备供给，促进机具升级换代。

从2020年底中央经济会议中的"藏粮于科技战略"，再到2021年"中央一号文件"中的"强化现代农业科技和物质装备支撑"，中央以农业科技为"先锋队"、以物质装备为"主力军"的加快农业现代化建设速度的方略逐渐清晰。与以往"中央一号文件"关于发展农业科技相比，2021年除了将注意力主要放在农业科技创新方面，还同时强调"物质装备支撑"，整体对农机装备的政策支撑进一步提升，明确提出"加大农机购置补贴力度，开展农机作业补贴"。"强化物质装备支撑"将成为推动农业现代化的"主力军"，农机装备行业或迎来新的发展机遇。

1.4.3 数字化助推农业高质量发展

信息通信业对农业农村现代化建设具有重要支撑作用。一次次实践表明，数字化是农业现代化的必要条件。在我国开局"十四五"、开启全面建设社会主义现代化国家新征程之际，数字乡村成为提振乡村发展的重要突破口。

数字基础设施是数字乡村建设的基石和保障。即便我国农村通信网络建设已经取得巨大成就，但相较于城市便捷的网络与智能设备的普及程度，广大农村的数字基础设施还存在一定的差距。实施数字乡村建设发展工程，推动农村千兆光网、第五代移动通信（5G）、移动物联网与城市同步规划建设，完善电信普遍服务补偿机制，支持农村及偏远地区信息通信基础设施建设，有助于整体带动和提升农业农村现代化发展，激发乡村振兴内生活力。

据国家工业信息安全发展研究中心不完全统计，截至2021年6月，山东、河南、安徽、河北、江苏、浙江和广东7个省分别结合各省发展实际情况，共计确立了126个省级数字乡村示范县，助力数字乡村发展。同时，中国电信、阿里、腾讯、华为等头部网信企业紧跟中央乡村振兴步伐，均纷纷抢抓数字乡村发展机遇期，充分发挥其平台资源优势，不同程度介入各试点县开展数字乡村建设工作。中国电信与华为、中兴、新希望等在甘肃庄浪、陕西鄠邑、江西武宁、湖南果园等全国630多个县、20多万个行政村部署了智慧党建、平安乡村、人居环境整治等一系列数字乡村场景化应用，打造乡村数字化治理标杆。[①] 根据《数字乡村发展战略纲要》规划，未来将在乡村推进购物消费、居家生活、旅游休闲、交通出行等各类场景数字化，打造智慧共享、和睦共治的新型数字生活，促进农业高质量发展。

1.5 农业发展新业态

1.5.1 休闲农业

休闲农业是以农业生产、农村风貌、农家生活、乡村文化为基础，开发农业与农村多种功能，提供休闲观光、农事参与和农家体验等服务的新型农业产业形态，

---

① 郑磊，胡思洋．国家数字乡村发展的现状及挑战 [J]．中国国情国力，2021（08）：19-22．

同时也是深度开发农业资源潜力，调整农业结构，改善农业环境，增加农民收入的新途径。休闲农业的基本属性是以充分开发具有观光、旅游价值的农业资源和农业产品为前提，把农业生产、科技应用、艺术加工和游客参加农事活动等融为一体，供游客领略在其他风景名胜地欣赏不到的大自然情趣。

在各地的积极培育下，休闲农业在田野上拔节成长，折射出农村新产业、新业态加快发展的步伐。在北京延庆，乡村旅游融入文化元素，并结合"冬奥""世园""长城"3 张旅游金名片，助推乡村旅游提质升级与传统文化保护传承相融合；在广东广州从化区温泉镇南平村，依托好风光，村民吃上"生态饭"，种晚熟荔枝、开办民宿、打造康养基地，休闲农业成了富民产业，村集体年收入从 30 万元增加到 150 多万元。广袤田畴上的丰收场景、乡村小院里的别样乡情、农家餐桌上的特色美食、远离喧闹的好山好水，正成为越来越多人的心之所向。

休闲农业的蓬勃发展，不断打开乡村发展新空间，为全面推进乡村振兴注入新动能。办农家乐、卖土特产、建观光体验基地，休闲农业实现了三产融合，延伸了产业链，延长了价值链，促进乡村产业兴旺。休闲农业对接产与销，打通城与乡，为乡村带来人才，在畅通城乡双向循环上大有作为。更重要的是，休闲农业拓宽了农民增收路径。"沉睡"的农田、农房等资源被"唤醒"，"种"加"销、游、娱"一体化发展，让农民从"收一季"到"季季收"[①]。

1.5.2 设施农业

设施农业是指利用新型生产设备、现代农业工程技术、管理技术调控温室、塑料大棚等保护设施内蔬菜、果树、花卉等植物生长的温、光、水、土、气、肥等环境参数因子，对植物的生长发育环境进行整体或局部范围的改善，使植物生长不受或很少受自然条件制约，在有限的土地上投入较少的劳动力，建立植物周年连续生产系统，实现植物高效优质生产的一种现代农业生产方式，是属于生产可反时令性、生产可类型多样化的高投入、高产出、高效益产业。

各地都依靠区域优势，因地制宜打造特色农业，将科技、人才、资金、信息等

---

① 王浩. 休闲农业打开乡村振兴新空间 [J]. 中国集体经济，2021（36）：10.

生产要素聚集起来，投身于设施农业建设，从而提高农产品的核心竞争力以获得更高的生产效益。例如，广东省广州市对 70% 的连片农田和连片鱼塘进行了标准化改造，温室大棚、滴灌等设施农业面积达到 10000 公顷，畜禽养殖基本实现设施化；山东省济南市重点扶持建设 127 个基地和园区，带动标准化生产 200 万亩（133333 公顷），培植出 35 个专业乡镇和近百个特色村，涌现出章丘大葱、曲堤黄瓜等一批特色突出、竞争力强的产业隆起带；宁夏回族自治区银川市设施园艺总面积达到 20666 公顷，全市优势特色产业产值已经占到了农业总产值的 89%。①

设施农业的发展是农业现代化的重要标志，也是现代化农业发展的重要建设任务。我国的设施农业较国外起步晚，在设施建设、技术研究、装备研发、资金投入等方面都与国外发达国家存在较大差距。为改变设施农业发展的不足，增强农业的抗风险能力，设施农业以科技为支撑，以市场为导向，代表了现代农业的发展方向，是衡量一个国家或地区农业现代化水平的重要标志之一。设施农业能够有效提高土地生产率、劳动生产率以及农业的全要素生产率，有助于推动传统的种植业养殖业向现代农业转型升级，促进农民从务农向农业产业工人转变，拓展农民增收渠道和农业增值空间，赋能乡村振兴。

1.5.3 低碳农业

低碳农业是指在可持续发展理念指导下，通过产业结构调整、技术与制度创新、可再生能源利用等多种手段，尽可能减少农业产供销过程中的高碳能源消耗和温室气体排放，在确保食品供给及粮食安全前提下，实现高能效、低能耗和低碳排放的农业发展模式。

农业部门碳排放、碳汇的双重属性，赋予了发展低碳农业在"碳达峰、碳中和"中的重要意义。目前，有关部门正在绿色生产、加工、流通、消费等环节，加速推进农业农村领域绿色低碳循环发展。一方面，推动农业低碳发展应在保障粮食安全、食物安全的前提下，推进施肥用药减量化和畜禽粪污、秸秆资源化，促进农业绿色转型和高质量发展。例如，农业农村部在全国建设 300 个秸秆综合利用重点

---

① 李浩. 我国设施农业发展现状、障碍及对策研究 [J]. 南方农机，2021，52（23）：34-37.

县、600个秸秆综合利用展示基地,确保全国秸秆综合利用率稳定在86%以上;江西省鄱阳县依托光伏全产业链的优势,在河塘水面上陆续建起了光伏发电系统,形成了水上能发电、水下能养鱼的"渔光互补"绿色渔业生产模式,实现了渔业养殖与绿色发电的产业融合。另一方面,在拓宽城乡非农就业和增收渠道的前提下,降低农民增收对农产品附加价值的依赖性,降低农产品加工能耗、运输能耗和储存能耗。以发展农产品低碳运输体系为例,在完善联运网络和健全农产品冷链物流基础上,通过优化运输线路、改良运输方式和方案等措施降低食物流通环节的碳排放。此外,鼓励绿色消费,通过建议消费者尽可能增加鲜活农产品的消费比重,减少冷储能耗造成的碳排放,坚决杜绝餐饮浪费行为。

"碳达峰、碳中和"已被写入"十四五"规划并作为重大战略布局。低碳技术可将农业发展和生态保护有机地统一起来,农业减排能有力促进全产业减排,实现"碳达峰、碳中和"的目标。同时,碳排放约束对农业生产率和农业技术进步有着显著推动作用,低碳技术不仅可以促进生产要素的集约利用,还可以提升要素边际生产率,降低农业生产成本,促进农业产业结构的整体升级。发展低碳农业并不意味着农业发展停滞,相反只有发展了低碳技术,才能更好地服务农业,因此低碳农业是大战略背景下的农业转型升级的必经之路。[1]

---

[1] 张亦文.碳达峰、碳中和目标下农业低碳化发展问题与解决途径[J].农业经济,2022(04):18-20.

② 中国农业产业投资情况

2.1 中国农业产业整体投资情况

我国农业产业投资整体表现出先增长后减缓再增长的趋势。具体来看，2011—2016年我国农业领域投资热情基本保持上涨态势，且在2017年达到顶峰，农业领域投资案例数高达1603起。然而，在此之后两年，投资热情明显下降，总投资案例数分别下降至661起、273起。2020年投资热情骤增，总投资案例数和总投资金额都有翻天覆地的变化。2021年延续了2020年的投资热情，总投资案例数达到1178起，总投资金额更是突破了百亿大关，达到102亿美元。从投资所属农业细分领域来看，2021年仍然以农产品及食品加工业为主要投资领域，投资案例数为839起，占2020年总投资案例数的71.22%，其中披露金额案例数695起，投资总金额为6919.29百万美元，平均单笔投资额为9.96百万美元。投资区域主要集中在内蒙古、上海、江西、安徽等省份或直辖市。

2021年农业投资领域的继续增长的主要原因是在新冠肺炎疫情冲击之下，多数行业都面临短期甚至长期基本面恶化的风险，而农业产业作为刚需产业，加上整体封闭运行、自给自足的特点，受到国际和国内外部冲击较小，抗风险能力强，叠加通胀背景下的涨价预期，让农业板块成为风险加剧背景下的资金避风港。同时2021年"中央一号文件"对金融服务乡村振兴作出了相应部署：一是启动实施现代农业设施投资项目，二是优化农业农村投资环境，三是加大对农业农村投融资金融支持力度。

2.1.1 社会投资情况

根据中国人民银行调查统计司数据显示，2021年社会融资规模增量累计为

31.34万亿元，同比减少3.52万亿元。其中，对实体经济发放的人民币贷款规模增量为19.94万亿元，同比减少0.09万亿元，基本保持稳定。近七年这一规模始终保持着稳中有升的趋势。对实体经济发放的外币贷款折合人民币增加1714亿元，同比增加264亿元；委托贷款减少1696亿元，减幅比上年减少2258亿元；信托贷款减少20073亿元，同比减少9073亿元；未贴现的银行承兑汇票减少4917亿元，同比减少6663亿元；企业债券净融资32865亿元，同比减少12135亿元；政府债券净融资70156亿元，同比减少13244亿元；非金融企业境内股票融资12133亿元，同比增加3210亿元。

从结构来看，2021年对实体经济发放的人民币贷款占同期社会融资规模的63.62%，同比增加6.12个百分点，是社会融资规模实现增量的最重要形式；对实体经济发放的外币贷款折合人民币占比0.55%，同比增加0.15个百分点；委托贷款占比-0.54%，同比增加0.56个百分点；信托贷款占比-6.4%，同比减少3.2个百分点；未贴现的银行承兑汇票占比-1.57%，同比减少2.07个百分点；企业债券占比10.47%，同比减少2.33个百分点；政府债券占比22.38%，同比减少1.52个百分点；非金融企业境内股票融资占比3.87%，同比增加1.27个百分点。

分地区来看，2021年社会融资主要集中在广东、江苏、浙江、山东、北京、四川等省份或直辖市。全国有30个地区的社会融资规模增量为正，其中广东、江苏、浙江三个省份社会融资规模增量超3万亿元，上述三个地区的社会融资规模增量占全国社会融资规模增量的近33.92%。与2020年同期相比，2021年广东地区依旧保持社会融资规模地区增量排名第一，江苏和浙江实现稳定增长，超越国内众多地区，分别位列第二和第三。

2.1.2 固定资产投资情况

如图2-1所示，2021年全社会固定资产投资552884亿元，比上年增长4.9%。其中，固定资产投资（不含农户）544547亿元，增长4.9%。分区域看，东部地区投资比上年增长6.4%，中部地区投资增长10.2%，西部地区投资增长3.9%，东北地区投资增长5.7%。中部投资增速大大加快，东部和东北地区投资增速增加较小，西部地区投资增速有所减缓。

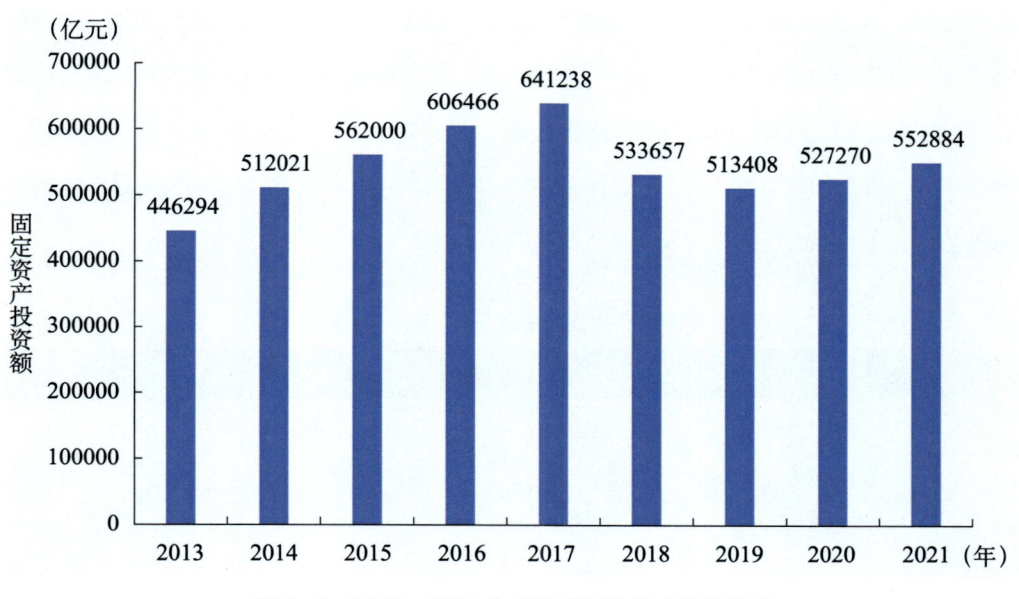

图 2-1　2013—2021 年全社会固定资产投资情况

资料来源：《2021年国民经济与社会发展统计公报》，西部发展研究院整理，2022年7月。

注：根据统计调查方法改革和制度规定，对2020年固定资产投资资料进行修订，2021年增速按可比口径计算。

从固定资产投资（不含农户）所涉及产业分布情况来看，第一产业投资14275亿元，比上年增长9.1%；第二产业投资167395亿元，增长11.3%；第三产业投资362877亿元，增长2.1%。民间固定资产投资307659亿元，增长7.0%。基础设施投资增长0.4%。全年房地产开发投资147602亿元，比上年增长10.7%。其中，住宅投资111173亿元，增长6.4%；办公楼投资5974亿元，下降8.0%；商业营业用房投资12445亿元，下降4.8%。全年全国各类棚户区改造开工165万套，基本建成205万套；全国保障性租赁住房开工建设和筹集94万套。

如表2-1所示，2021年我国分行业固定资产投资中采矿业、制造业、租赁和商业服务业、科学研究与技术服务业、教育、卫生和社会工作领域固定资产投资快速增长，增幅均达10%以上。其中，卫生和社会工作全社会固定资产投资额同比增长19.5%，为全社会增幅最大的行业，但增幅与2020年比还是有所降低。农林牧渔业，电力、热力、燃气及水生产和供应业，建筑业，交通运输、仓储和邮政业，住宿和餐饮业，金融业，房地产业，文化、体育和娱乐业等领域固定资产投资都有所增长。而批发和零售业，信息传输、软件和信息技术服务业，水利、环境和公共设施管理业，居民服务、修理和其他服务业，公共管理、社会保障和社会组织等领域固定资产投资都有所下降。其中，公共管理、社会保障和社会组织行业下降幅度最大，达 –38.2%。总体来说，以农林牧渔业、采矿业、制造业、租赁和商业服务业、科学研究与技术服务业、卫生和社会工作为首的行业一直是近些年来社会投资的热点。

表 2–1　　2021 年分行业固定资产投资(不含农户)增长速度

行业	比上年增长（%）
总计	4.9
农林牧渔业	9.3
采矿业	10.9
制造业	13.5
电力、热力、燃气及水生产和供应业	1.1
建筑业	1.6
批发和零售业	−5.9
交通运输、仓储和邮政业	1.6
住宿和餐饮业	6.6
信息传输、软件和信息技术服务业	−12.1
金融业	1.9
房地产业	5.0
租赁和商务服务业	13.6
科学研究和技术服务业	14.5
水利、环境和公共设施管理业	−1.2
居民服务、修理和其他服务业	−10.3
教育	11.7
卫生和社会工作	19.5
文化、体育和娱乐业	1.6
公共管理、社会保障和社会组织	−38.2

资料来源：《2021 年国民经济与社会发展统计公报》，西部发展研究院整理，2022 年 7 月。

2.1.3 专项资金投资情况

作为"十四五"的开局之年，新时代中国政府对农业农村提出了走中国特色社会主义乡村振兴道路，全面实施乡村振兴战略，强化以工补农、以城带乡，推动形成工农互促、城乡互补、协调发展、共同繁荣的新型工农城乡关系，加快实现农业农村现代化目标。要求农业提高质量效益和竞争力，持续强化农业基础地位，深化农业供给侧结构性改革，强化质量导向，推动乡村产业振兴，提出了增强农业综合生产能力、深化农业结构调整、丰富乡村经济业态三个目标。2021年各部门持续关注农业农村项目并加大资金投放，具体如下：

2021年农业农村部重点扶持的项目主要包括农业产业化联合体项目、农业产业强镇项目、农村三次产业融合发展先导区项目、农产品初加工项目、现代农业产业园项目、数字农业建设试点项目、农村产业融合发展示范园项目、绿色循环优质高效特色农业项目、现代种业提升工程项目、生猪标准化规模养殖项目、水产健康养殖示范创建项目、高标准农田建设项目、中国特色农产品优势区项目、国家农业绿色发展先行区项目、"一村一品"示范村镇项目、信息进村入户项目、农机购置补贴项目、农产品仓储保鲜冷链物流设施建设项目、农产品加工技术集成基地和深加工示范基地项目、区域性农产品加工园项目、全国休闲农业重点县项目、休闲农业和乡村旅游精品工程项目、国家农村创业创新项目、新型经营主体培育工程项目、果菜茶有机肥替代化肥试点项目、粮改饲试点项目、现代农业科技示范展示基地项目、耕地轮作休耕试点项目等。2021年农业农村部门决算中，农林水支出（类）831546.04万元，比2019年度减少67555.81万元，同比下降7.5%，主要是贯彻落实党中央、国务院关于"过紧日子"的要求，有关专项任务项目支出减少。农林水支出（类）占总支出的58.62%，主要用于农业资源保护利用、科技转化推广服务和垦区农村公益事业建设等中央预算内基本建设项目支出，农业农村行政管理及部属单位设施运转、科技转化与推广、病虫害控制、农产品质量安全、执法监管、行业业务管理、对外交流合作、农业生产防灾救灾、农村社会事业、农业资源保护修复与利用、农田建设、农村综合改革等工作支出，以及农业农村部所属行政事业单位、广东省农垦总局和原黑龙江省农垦总局维持正常运转发生的基本支出。具体支出项目有：农业农村（款）801576.04万元、林业和草原（款）1000.04万元、扶贫（款）4706.03万元、农业综合改革（款）6479.25万元、普惠金融发展支出（款）17783.98万元。

除农业农村部外，国家发展和改革委员会、科技部、商务部、财政部支农项目包括国家农村产业融合发展示范园项目、国家级特色农产品优势区、国家级农业现代化示范区、国家农业科技园、国家级现代农业产业园、国家级优势特色产业集群、国家级农业产业强镇等项目。

2.2 中国涉农产业基金情况

如图2-2所示，2021年我国共成立了129支涉农产业基金，与2020相比基金总数大幅度增加，增幅接近1100%，这可能是受到2020年的农业投资领域热度上升的影响，再加上基金备案和成立的流程比较繁琐，成立数量存在一定的滞后性。投资规模排名前10支涉农基金情况请详见表2-2。

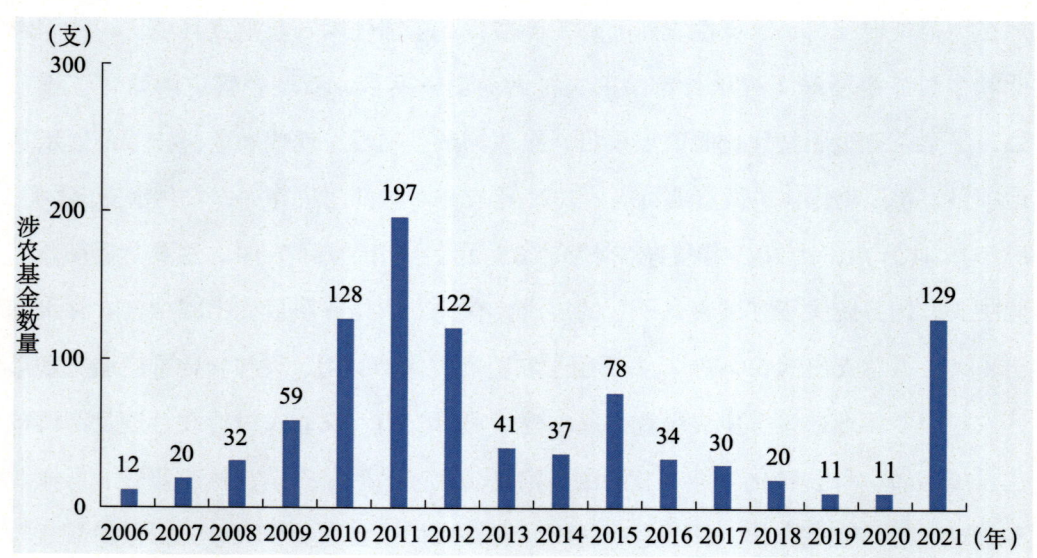

图2-2 2006—2021年中国涉农产业基金情况图

资料来源：PEDATA MAX，西部发展研究院整理，2022年7月。

表 2-2　　　　　　　　　2021 年中国涉农产业基金前十位

序号	基金简称	成立时间	基金类型	资本类型	募集状态	基金币种	目标规模	是否备案
1	杭州泰鲲股权投资基金合伙企业（有限合伙）	2021年8月10日	创业投资基金	本土	首期募完，正在募集	RMB	200亿元	是
2	贵州省农业农村现代化发展股权投资基金合伙企业（有限合伙）	2021年3月29日	成长基金	本土	首期募完，正在募集	RMB	180.01亿元	是
3	贵州省文化旅游产业股权投资基金合伙企业（有限合伙）	2021年3月29日	成长基金	本土	首期募完，正在募集	USD	180.01亿元	是
4	新疆中新建胡杨产业投资基金合伙企业（有限合伙）	2021年12月1日	成长基金	本土	首期募完，正在募集	RMB	100亿元	是
5	苏州高新阳光汇利股权投资合伙企业（有限合伙）	2021年7月14日	成长基金	本土	首期募完，正在募集	RMB	100亿元	是
6	湖北高质量发展产业投资基金合伙企业（有限合伙）	2021年8月3日	成长基金	本土	首期募完，正在募集	RMB	71.5亿元	是
7	苏州天使投资引导基金（有限合伙）	2021年3月11日	创业投资基金	本土	首期募完，正在募集	RMB	60.1亿元	是
8	上海科创中心二期私募投资基金合伙企业（有限合伙）	2021年5月21日	成长基金	本土	首期募完，正在募集	RMB	58.01亿元	是
9	青岛海控联合产业投资基金合伙企业（有限合伙）	2021年9月13日	成长基金	本土	首期募完，正在募集	RMB	50亿元	是
10	苏州市招商一期新兴产业基金合伙企业（有限合伙）	2021年3月15日	成长基金	本土	首期募完，正在募集	RMB	48.01亿元	是

资料来源：PEDATA MAX，西部发展研究院整理，2022 年 7 月。

如图 2-3 所示，在基金类型上，2021 年涉农基金投资中有 47 支创业投资基金，占比 36.43%；38 支成长基金，占比 29.46%；33 支其他基金，占比 25.58%。其余为 4 支 FOF 基金、4 支联接基金、2 支早期投资基金和 1 支并购基金。与 2020 年相比，不仅基金设立数量上发生了巨大的变化，基金类型也增加了不少种类，如前两年都没成立的早期投资基金。另外基金类型分布也发生了较大变化，不再是以成长基金为主而是以创业投资基金为主。

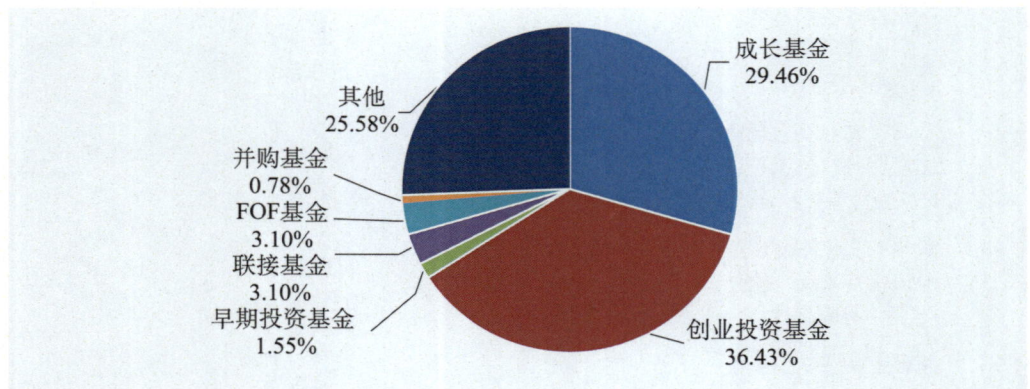

图 2-3 2021 年中国涉农产业基金类型图

资料来源：PEDATA MAX，西部发展研究院整理，2022 年 7 月。

在资本类型方面，有 127 支基金的资本类型为本土型，只有 2 支为其他类型的基金。截至 2022 年 7 月，129 支涉农产业基金中有 23 支已募集完成；33 支基金为新设立，尚未募集；其余 77 支为首期募完，正在募集。

2.3 中国农业股权投资情况

2.3.1 中国农业产业股权投资总体情况

（1）2006—2021 年年度投资案例数量

如图 2-4 所示，根据清科研究中心 PEDATA MAX 的数据，2021 年中国农业产业领域共披露投资案例数 1178 起，较上一年增长 216 起。整体来看，近些年我国农业领域的投资案例数先后经历了大涨和大跌的阶段。2007—2017 年我国农业投资数一直呈现不断上涨趋势，尤其 2017 年涨幅约为 700%，原因是 2017 年统计时加入个人投资者的投资事件，使大量金额较小的投资金额流入农业领域，从而导致农业领域投资案例数量大幅增加。2018 年开始，投资数呈现下降趋势，连续两年分别下降至 661 起和 273 起。原因在于一方面我国农业投资阶段尚未完成向新兴农业的转型，且长期大规模的公共设施建设、水路电网改造等投资使我国农村地区公共投资空间开始缩减；另一方面是财政支农的资金使用效率低下，导致我国农业投资出现持续负增长现象。2020 年投资案例恢复以往热度，案例总数升至 962 起，2021 年投资案例数继续增加至 1178 起。

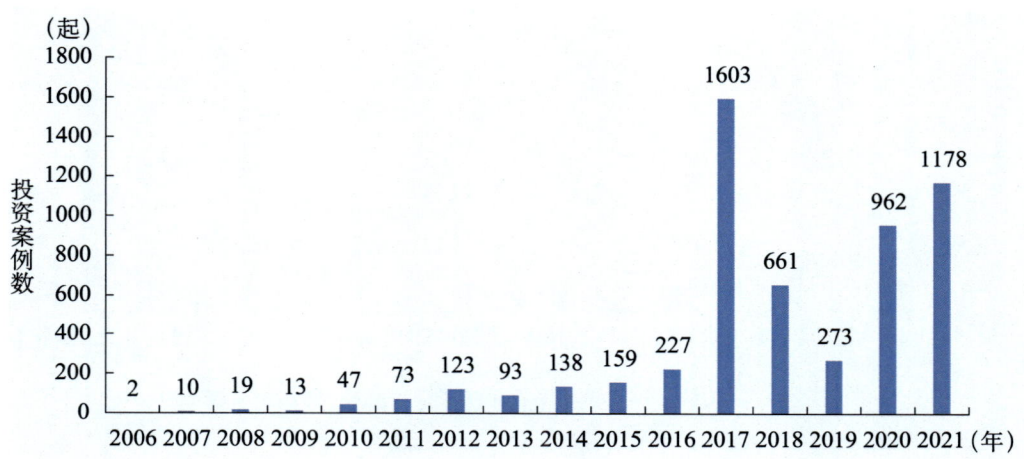

图 2-4　2006—2021 年中国农业领域投资情况（按投资案例数）

资料来源：PEDATA MAX，西部发展研究院整理，2022 年 7 月。

（2）2006—2021 年年度投资案例金额

2006—2021 年农业投资案例累积达到 5581 起，已披露的农业投资金额约 428.44 亿美元。如图 2-5 所示，自 2010 年起，农业领域投资金额大体上呈现高速增长的趋势，而 2014 年受到农产品市场风险波动及国内经济低迷的影响，导致 2015 年农业领域投资金额较往年大幅下降。2016—2017 年农业投资案例数增速惊人，投资金额也在前一年的基础上上涨了 61%。2018 年、2019 年连续两年农业领域投资案例数大幅下降，且 2019 年农业领域投资金额出现负增长。2020 年投资案例数量实现大幅增加，为 7682.04 百万美元。2021 年的投资金额更是第一次突破 100 亿美元，为 102.60 亿美元，上涨幅度为 33.56%。

（3）2021 年投资总量变化趋势

整体来看，近些年农业领域投资金额和投资案例虽然都有明显的震荡，但是基本一直维持在高位水平。第一个主要原因是 2020 年受新冠肺炎疫情影响，多板块投资意愿不强，而农业板块的刚需性表现出其长期的投资价值，因此农业领域成为众多企业的投资首选。第二个主要原因是在国家大力推动乡村振兴、产业升级的背景下，农业领域受到较大的政策支持，资本都普遍流入农业领域，以享受政策优惠。

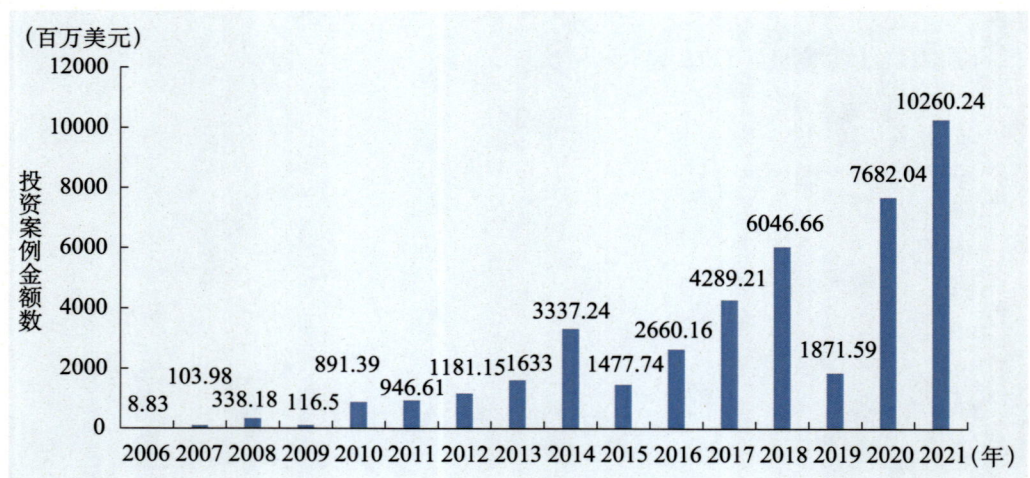

图 2-5　2006—2021 年中国农业领域投资情况（按案例金额）

资料来源：PEDATA MAX，西部发展研究院整理，2022 年 7 月。

2.3.2　中国农业产业投资二级行业分布

（1）二级行业投资案例数量分布

如图 2-6 及表 2-3 所示，2006—2021 年农业投资案例总计 5581 起。从行业分布来看，农产品及食品加工仍然是农业领域投资案例数最多的二级行业，投资案例数达到 3184 起，占全部投资案例数的 57.05%，与 2020 年占比增加 3.79%。第二是农业（种植业）的投资案例数达到 790 起，占比 14.16%，占比相比 2020 年略微下降。第三是畜牧业，投资案例数为 781 起，占比为 13.99%，占比与 2020 年基本持平。农产品及食品加工、农业（种植业）以及畜牧业作为农业领域投资案例数量前三的二级行业，占全部农业投资案例数约 85.20%，是所有农业领域投资案例的主要构成部分。其余部分则分布于其他、农资、林业、渔业，投资案例数较少，分别有 272 起、321 起、126 起、107 起，占比分别为 4.87%、5.75%、2.26%、1.92%。从百分比变化的情况也可以知道，2021 年投资案例的增长主要来源于农产品及食品加工行业。

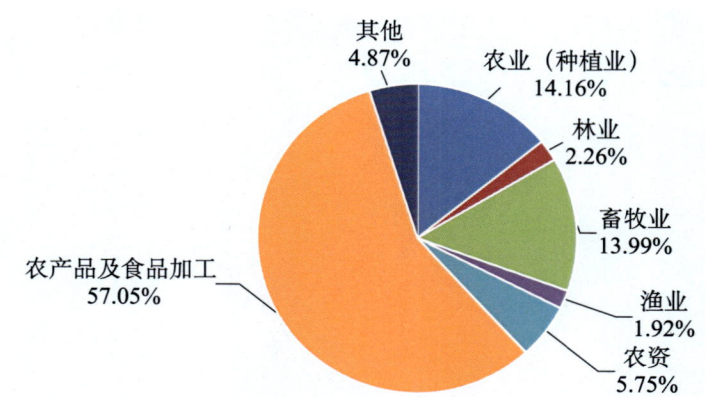

图2-6　2006—2021年中国农业领域投资二级行业分布（按投资案例数）

资料来源：PEDATA MAX，西部发展研究院整理，2022年7月。

表2-3　2006—2021年中国农业领域投资二级行业分布（按投资案例数）

行业	农业（种植业）	林业	畜牧业	渔业	农资	农产品及食品加工	其他
投资案例数（起）	790	126	781	107	321	3184	272

资料来源：PEDATA MAX，西部发展研究院整理，2022年7月。

（2）二级行业投资金额分布

如图2-7及表2-4所示，根据2006—2021年农业二级行业的投资统计，农产品及食品加工领域投资金额居首位，总金额为24331.5百万美元，占农业总投资的56.41%，与2020年相比占比有所上升。第二为畜牧业领域投资，总金额为7650.91百万美元，占总投资的17.74%，较2020年有所上升。第三为农业（种植业）领域投资，总金额为4127.9百万美元，占总投资的9.57%。渔业、农资、林业以及其他行业投资金额和占比较少。

（3）2021年二级行业投资变化趋势

如表2-5所示，2021年的农业投资案例中，投资案例数总计1178起。按行业分布来看，农产品及食品加工投资的案例数最多，一共有839起，占2021年全部农业领域投资案例数的71.22%。其他行业相比之下投资热情不高，投资案例数由高到低依次是畜牧业、农业（种植业）、农资、林业、其他和渔业，具体投资案例数分别为120起、109起、82起、13起、11起和4起。其中有披露金额的投资案例数为963起，披露金额总计10260.24百万美元，平均单笔投资金额为10.65百万美元。

同 2020 年相比，投资金额提升近 33.56%，单笔投资额上升约 20.34%，反映投资市场热情高涨的现象。

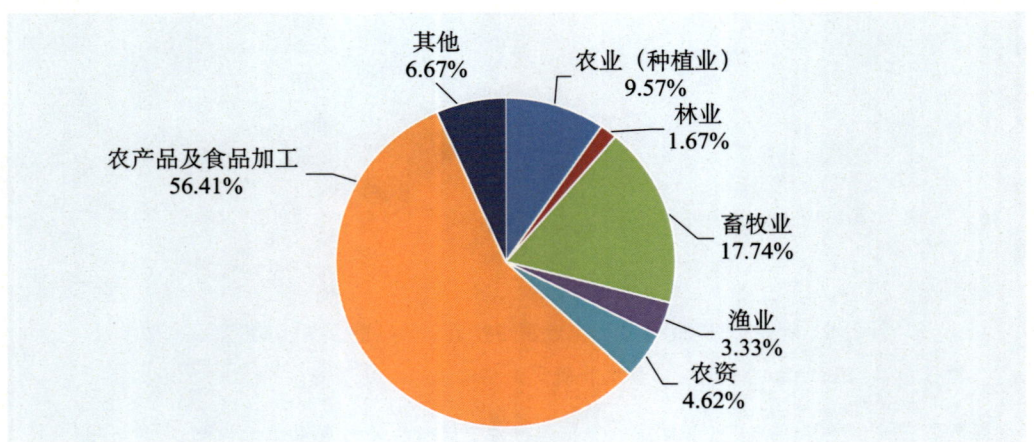

图 2-7　2006—2021 年中国农业领域投资二级行业分布（按投资金额）

资料来源：PEDATA MAX，西部发展研究院整理，2022 年 7 月。

表 2-4　　2006—2021 年中国农业领域投资二级行业分布（按投资金额）

行业	农业（种植业）	林业	畜牧业	渔业	农资	农产品及食品加工	其他
投资金额（百万美元）	4127.9	719.15	7650.91	1435.66	1994.95	24331.5	2876.93

资料来源：PEDATA MAX，西部发展研究院整理，2022 年 7 月。

表 2-5　　2021 年中国农业领域投资二级行业分布情况

二级行业	案例数（起）	投资金额（百万美元）	披露金额的案例数（起）	平均投资额（百万美元）
农业（种植业）	109	794.00	70	11.34
林业	13	190.59	10	19.06
畜牧业	120	1884.68	100	18.85
渔业	4	23.16	3	7.72
农资	82	443.52	76	5.84
农产品及食品加工	839	6919.29	695	9.96
其他	11	5.00	9	0.56
总计	1178	10260.24	963	10.65

资料来源：PEDATA MAX，西部发展研究院整理，2022 年 7 月。

2021年农产品及食品加工领域依旧投资热度最高，共有839起投资案例，695起披露投资金额，投资总金额为6919.29百万美元，平均单笔投资额为9.96百万美元。畜牧业有120起投资案例，100起披露投资金额，投资总金额为1884.68百万美元，平均单笔投资金额为18.85百万美元，较2020年畜牧业投资总金额数量变化不大，但投资案例数有所减少，导致平均单笔投资额大幅度增加，增加幅度为78.7%。农业（种植业）共有109起投资案例，70起披露投资金额，投资总金额为794百万美元，平均单笔投资额为11.34百万美元，相比2020年来看，投资总金额上涨幅度为199.7%，单笔投资金额上涨幅度为201.2%。2020年农资投资案例数有82起，总投资额达到442.53百万美元，较2020年相比投资额大幅度增加，同时投资案例数也有所增加，导致2020年平均单笔投资金额也大幅度增加，增加幅度为2820%。其他（农林渔牧业服务业）投资案例数为11起，9起披露投资金额，总计投资金额为5百万美元，平均单笔投资金额为0.56百万美元，相比于其他领域，该领域的投资力度较小。2020年林业有13起投资案例，10起披露投资金额，投资总金额为190.59百万美元，投资总金额和单笔平均投资都有较大提升。渔业有4起投资案例，总投资金额为23.16百万美元，较2020年相比下降了约83.5%，平均单笔投资金额为7.72百万美元，与2020年相比有较大的下降。

2.3.3 中国农业产业投资地域分布

（1）不同地域投资案例数量分布

如表2-6所示，2021年农业产业投资案例数量分布前十位的地域发生的案例占比超过全部投资案例数的75.38%，与2020年所占比重相比基本不变，特别是前四位的省份，占比达到47.02%。这说明不同省份之间农业产业规模、现代化程度有较大的差距，对投资者投资的吸引力显著不同。近年来，前十省份出现了较大的变动，新疆、吉林、湖南最近3年来第一次上榜，只有上海、北京、广东和江苏这四个省份稳稳地保持在前十。上海由2020年第三位晋升为2021年第一位，投资案例增长至168起，增长了70起，占比约为14.26%。广东排名仍位居第二，投资案例数增加了38起，占比为12.31%，浙江由2020年第五位晋升为2021年第三位，投资案例数增长至124起，增长了43起，占比约为10.53%。北京由2020年的第八位晋升至 2021 年第四位，投资案例数上涨了 64 起。其余排名前十的省份分别为山东、湖南、江苏、内蒙古、吉林与新疆，投资案例数分别为 90 起、84 起、45 起、45 起、39 起和 31 起。整体来看，2021 年与 2020 年相比，农业领域投资案例总数有所增加。2020 年投资比较火热的部分省份遇冷，如四川 2020 年发生了 93 起投资案例，而 2021 年仅有 13 起。2020 年投资比较冷淡的省份热度增加，如湖南 2020 年仅发生了 4 起，2021 年增长至 84 起。

表 2-6　　2021 年中国农业领域前十位投资地域分布（按投资案例数）

投资地域	上海	广东	浙江	北京	山东	湖南	江苏	内蒙古	吉林	新疆	其他
投资案例数（起）	168	145	124	117	90	84	45	45	39	31	290

资料来源：PEDATA MAX，西部发展研究院整理，2022 年 7 月。

（2）不同地域投资金额分布

如表 2-7 所示，2021 年农业投资金额从省域分布上来看，内蒙古由 2020 年的第三位上涨到 2021 年的第一位，投资金额为 1988.4 百万美元。上海由 2020 年的第六位上涨到 2021 年的第二位，投资金额为 1227.92 百万美元。江西则由 2020 年最后一位一跃升到 2021 年的第三位，投资金额为 1185.35 百万美元，具体原因是其 2020 年披露金额的案例数为 0。安徽、湖南 2020 年都未进前十位，今年分别居第四位、第六位，投资总金额分别为 877.25 百万美元、575.54 百万美元。广东、河南依旧保持前十位。重庆、云南和新疆挺入前十位，投资总金额分别为 514.32 百万美元、456.09 百万美元和 454.19 百万美元。

表 2-7　　2021 年中国农业领域前十位投资地域分布（按投资金额）

投资地域	内蒙古	上海	江西	安徽	河南	湖南	广东	重庆	云南	新疆	其他
投资金额（百万美元）	1988.4	1227.92	1185.35	877.25	581.69	575.54	515.67	514.32	456.09	454.19	1883.82

资料来源：PEDATA MAX，西部发展研究院整理，2022 年 7 月。

（3）2021 年投资地域变化趋势

如表 2-8 所示，根据 2021 年中国农业投资省域分布来分析，参与农业领域投资的省份数量与 2020 年相比有所增加。在全部的 1178 起投资案例中，投资案例数突破 100 起的省份有 4 个，而 2020 年只有 2 个。从投资金额来看，内蒙古以 1988.4 百万美元的数值位列第一，得益于内蒙古的农业企业品牌。2021 年内蒙古在《第七批农业产业化国家重点龙头企业名单》上榜的企业达 13 家，其中伊利、安达牧业等公司比较耳熟能详。上海市得益于新型职业农民数量和农业数字化、绿色化程度的领先以 1227.92 百万美元的数值排第二位。江西省则抓住农业农村电商的契机，大力发展农业投资，以 1185.35 百万美元的数值排第三位。

表 2-8　2021 年农业领域投资地域分布情况

投资地域	案例数（起）	投资金额（百万美元）	披露金额的案例数（起）	平均投资额（百万美元）
内蒙古	45	1988.40	45	44.19
上海	168	1227.92	159	7.72
江西	15	1185.35	14	84.67
安徽	31	877.25	31	28.30
河南	31	581.69	26	22.37
湖南	84	575.54	80	7.19
广东	145	515.67	124	4.16
重庆	22	514.32	22	23.38
云南	21	456.09	21	21.63
新疆	31	454.19	25	18.24
北京	117	377.35	108	3.49
浙江	124	334.64	114	2.94
山东	90	306.26	89	3.44
辽宁	18	234.84	16	14.68
湖北	7	135.64	7	19.38
广西	16	113.11	15	7.54
四川	16	105.71	14	7.55
福建	24	93.60	10	9.36
江苏	45	73.90	21	3.52
青海	13	63.54	8	7.94
香港	4	15.99	1	15.99
天津	5	12.70	3	4.23
山西	12	7.14	3	2.38

续表

投资地域	案例数（起）	投资金额（百万美元）	披露金额的案例数（起）	平均投资额（百万美元）
吉林	39	3.06	1	3.06
陕西	13	2.76	1	2.76
贵州	25	1.72	3	0.57
台湾	6	1.55	1	1.55
海南	5	0.16	1	0.16
河北	3	/	0	/

资料来源：PEDATA MAX，西部发展研究院整理，2022年7月。

2.3.4　2021年投资阶段变化趋势

如表2-9所示，2014年以前农业投资阶段以扩张期为主，自2015年投资阶段转变为以成熟期为主（除2019年外，2019年扩张期投资案例数反超成熟期）。2021年成熟期投资案例总数为476起，占比约为40.41%，比重同比下降26.12%，回到了2019年的水平；投资金额为8033.95百万美元，占投资总金额的78.30%；单笔平均投资金额为19.45百万美元，较2020年上升了87.74%。2021年，扩张期投资案例为309起，占比为26.23%，占比同比增加7.1%，投资金额为1196.4百万美元；单笔平均投资金额为4.86百万美元。初创期投资案例为190起，占比16.13%，投资金额为338.68百万美元。种子期投资案例有193起，占比16.38%，投资金额为583.21百万美元，同比2020年增加882.17%。

表2-9　2021年中国农业领域投资阶段分布情况

投资阶段	案例数（起）	投资金额（百万美元）	披露投资额的案例数（起）	平均投资额（百万美元）
种子期	193	583.21	147	3.97
初创期	190	338.68	149	2.27
扩张期	309	1196.4	246	4.86
成熟期	476	8033.95	413	19.45
其他	10	108	8	13.50
总计	1178	10260.24	963	10.65

资料来源：PEDATA MAX，西部发展研究院整理，2022年7月。

2.4 中国农业非股权投资情况

2.4.1 中国财政支农的情况及特点

财政支农是指国家财政对农业、农村、农民的支持，是国家财政支持农业、农村、农民的主要手段。财政支农的方式多种多样，具体来说有涉农惠农补贴，对农村基础设施建设的财政补助，对农村教育、文化、卫生、计划生育、环保、农业科技事业的财政补助等。

2021年是"十四五"规划和第二个一百年奋斗目标的开局之年，其"三农"工作更具特殊性、重要性。"中央一号文件"指出应集中力量做好保障国家粮食安全和不发生规模性返贫这两条底线任务，必须着眼国家重大战略需要，稳住农业基本盘，做好"三农"工作，持续全面推进乡村振兴，确保农业稳产增产、农民稳步增收、农村稳定安宁。开启全面建设社会主义现代化国家的新征程，财政支农尤为必要。

从表2-10、图2-8和图2-9中可以看出我国财政支农特点如下：财政支农总额每年都在增加，国家对农业的支持力度越来越大。2009—2021年间财政支农金额累计达到了21.02万亿元。其中，2009—2012年，农业支出占总支出比重由9.5%持续平稳地上升到9.8%；2012—2014年，农业支出比重出现小幅下滑的情况，2015年达到了9.9%，为历年占比最高；2015—2019年呈现缓慢下降的趋势，由9.9%下降到了9.4%；2020年又有所回升，增长至9.7%；2021年则有所下降，为9.0%。

表2-10　　2009—2021年财政支农统计表

年份	财政总支出（万亿元）	农业支出（万亿元）	农业支出占总支出比重（%）	支援农村生产和各项农业事业费（亿元）	四项补贴（亿元）	农村社会事业发展支出（亿元）	农产品储备费用和利息等支出（亿元）
2009	7.63	0.73	9.5	2679.2	1274.5	2723.2	576.2
2010	8.99	0.86	9.5	3427.3	1225.9	3350.3	576.2
2011	10.92	1.05	9.6	4089.7	1406.0	4381.5	620.5
2012	12.60	1.24	9.8	4785.1	1643.0	5339.1	620.5
2013	14.02	1.33	9.5	—	—	—	—

续表

年份	财政总支出（万亿元）	农业支出（万亿元）	农业支出占总支出比重（%）	支援农村生产和各项农业事业费（亿元）	四项补贴（亿元）	农村社会事业发展支出（亿元）	农产品储备费用和利息等支出（亿元）
2014	15.17	1.40	9.2	—	—	—	—
2015	17.59	1.74	9.9	—	—	—	—
2016	18.78	1.84	9.8	—	—	—	—
2017	20.33	1.91	9.4	—	—	—	—
2018	22.09	2.08	9.4	—	—	—	—
2019	23.89	2.24	9.4	—	—	—	—
2020	24.56	2.39	9.7	—	—	—	—
2021	24.63	2.21	9.0	—	—	—	—

资料来源：《中国统计年鉴2021》、财政部官网，西部发展研究院整理，2022年7月。

注：四项补贴由粮食、农资、良种、农具构成；由于财政支农资料口径发生变化，1997—2002年的财政支农主要包括支援农村生产支出、农业综合开发支出和农林水利气象等部门的事业费支出三者之和；2003—2006年的财政支农为农业支出、林业支出和农林水利气象等部门的事业费支出三者之和；2007—2021年的财政支农为农林水事务支出。

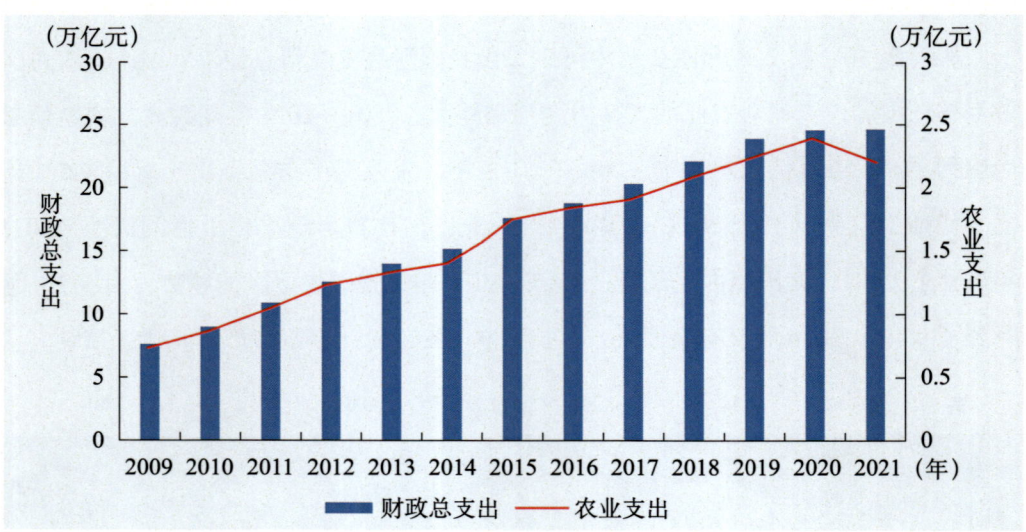

图2-8　2009—2021年我国财政支农情况

资料来源：《中国统计年鉴2021》、财政部官网，西部发展研究院整理，2022年7月。

根据"中央一号文件"，2021年的财政支农的新特点有：

（1）财政支农明确两项底线目标和工作任务

"十四五"时期是乘势而上开启全面建设社会主义现代化国家新征程、向第二

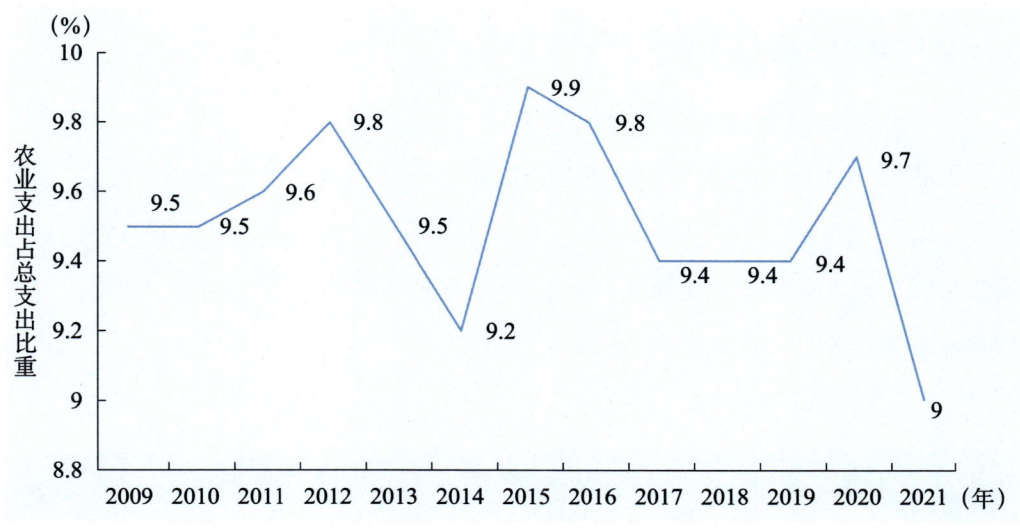

图 2-9 2009—2021 年我国农业支出占财政总支出比重

资料来源：《中国统计年鉴 2021》、财政部官网，西部发展研究院整理，2022 年 7 月。

个百年奋斗目标进军的第一个五年。民族要复兴，乡村必振兴。全面建设社会主义现代化国家，实现中华民族伟大复兴，最艰巨最繁重的任务依然在农村，最广泛最深厚的基础依然在农村。2021 年"中央一号文件"明确了"三农"领域"两个决不能，两个开好局起好步"。"两个决不能"就是巩固拓展脱贫攻坚成果决不能出问题、粮食安全决不能出问题；"两个开好局起好步"就是农业现代化、农村现代化都要开好局起好步。

（2）财政支农投入力度不断加大，政策不断完善

2021 年"中央一号文件"明确指出，中央预算内投资进一步向农业农村倾斜。制订落实提高土地出让收益用于农业农村比例考核办法，确保按规定提高用于农业农村的比例。各地区各部门要进一步完善涉农资金统筹整合长效机制。支持地方政府发行一般债券和专项债券用于现代农业设施建设和乡村建设行动，制订出台操作指引，做好高质量项目储备工作。发挥财政投入引领作用，支持以市场化方式设立乡村振兴基金，撬动金融资本、社会力量参与，重点支持乡村产业发展。坚持为农服务宗旨，持续深化农村金融改革。运用支农支小再贷款、再贴现等政策工具，实施最优惠的存款准备金率，加大对机构法人在县域、业务在县域的金融机构的支持力度，推动农村金融机构回归本源。

2.4.2 中国涉农信贷情况

（1）中国历年涉农信贷发放状况

① 我国近些年涉农信贷发展现状。近年来我国涉农信贷总额不断增加，2021年达43.21万亿元，同比增长10.9%（见表2-11）。其中，全国普惠型涉农贷款增速超过银行业各项贷款平均增速，截至2021年末余额为8.88万亿元，较年初增长17.48%，超过各项贷款平均增速6.18个百分点。

表2-11　　　　　　　　2007—2021年涉农贷款统计额

年份	本外币农村贷款余款（万亿元）	农户贷款余额（亿元）	农业贷款余额（万元）
2007	6.12	1.23	1.44
2008	6.57	1.89	1.63
2009	7.55	2.18	1.81
2010	9.74	2.82	2.19
2011	12.15	3.10	2.44
2012	14.54	3.62	2.73
2013	17.29	4.50	3.04
2014	19.44	5.36	3.40
2015	26.40	—	—
2016	28.20	—	—
2017	30.95	—	—
2018	33.00	—	—
2019	35.19	—	—
2020	38.95	—	—
2021	43.21	—	—

资料来源：银保监会，西部发展研究院整理，2022年7月。

"三农"问题事关我国经济社会发展的全局，具有根本性和基础性的战略地位。因此，解决现实中的"三农"问题可有效促进我国供给侧结构改革，平稳进入经济新常态阶段。但在现实情况中，"三农"方面仍有许多问题尚待解决，最为突出的是对"三农"的财政支持不能满足其发展需求，仍需大量的财政投入，因此涉农信贷成为解决这一问题的关键所在。政府应利用金融机构对涉农信贷进行扶持，从而实现"三农"又快又好发展。政府历年对"三农"问题都格外重视，在2021年"中央一号文件"中更是把其作为核心加以强调。

2021年中共中央和国务院制定的《中共中央 国务院关于全面推进乡村振兴加快农业农村现代化的意见》文件指出：民族要复兴，乡村必振兴。要坚持把解决好"三农"问题作为全党工作重中之重，把全面推进乡村振兴作为实现中华民族伟大复兴的一项重大任务，举全党全社会之力加快农业农村现代化，让广大农民过上更加美好的生活。做好2021年"三农"工作总的要求是，坚持以习近平新时代中国特色社会主义思想为指导，全面贯彻党的十九大和十九届二中、三中、四中、五中全会精神，贯彻落实中央经济工作会议精神，统筹推进"五位一体"总体布局，协调推进"四个全面"战略布局，坚定不移贯彻新发展理念，坚持稳中求进工作总基调，坚持加强党对"三农"工作的全面领导，坚持农业农村优先发展，坚持农业现代化与农村现代化一体设计、一并推进，坚持创新驱动发展，以推动高质量发展为主题，统筹发展和安全，落实加快构建新发展格局要求，巩固和完善农村基本经营制度，深入推进农业供给侧结构性改革，把乡村建设摆在社会主义现代化建设的重要位置，全面推进乡村产业、人才、文化、生态、组织振兴，充分发挥农业产品供给、生态屏障、文化传承等功能，走中国特色社会主义乡村振兴道路，加快农业农村现代化，加快形成工农互促、城乡互补、协调发展、共同繁荣的新型工农城乡关系，促进农业高质高效、乡村宜居宜业、农民富裕富足，为全面建设社会主义现代化国家开好局、起好步提供有力支撑。

② 2021年我国涉农信贷的政策规划。为深入贯彻落实党中央、国务院关于巩固拓展脱贫攻坚成果同乡村振兴有效衔接的决策部署，指导各级监管部门和银行业金融机构做好2021年"三农"和扶贫金融服务工作，银保监会发布了《中国银保监会办公厅关于2021年银行业保险业高质量服务乡村振兴的通知》（银保监办发〔2021〕44号），内容主要集中在以下几个方面：

一是优化"三农"金融服务体系和机制。构建层次分明、优势互补的服务体系。银行保险机构要坚守自身定位，按照错位竞争策略，找准服务乡村振兴的着力点。开发银行和政策性银行要坚守开发性、政策性金融定位，加大对"三农"重点领域的中长期信贷支持，加大转贷资金对乡村振兴的投入力度。建立健全专业化体制机制。鼓励银行业金融机构建立服务乡村振兴的内设机构，完善专业化工作机制，从信贷审批流程、授信权限、产品研发、经济资本配置、内部资金转移定价、人员配备、考核激励、费用安排等方面予以政策倾斜。

二是强化关键领域金融供给。优先支持国家粮食安全战略，助力补齐农业农村基础设施短板，创新服务新型农业经营主体和农户。

三是提升县域金融服务质效，提高县域信贷资金适配性。各级监管部门要结合当地产业规划，综合分析县域有效信贷需求，科学制定资金适配性较差县域的存贷比提升计划。积极推动地方政府搭建信息共享平台，开展银企对接活动，减少信息不对称，营造良好融资环境。保持农村基础金融服务基本全覆盖，优化县域和社区金融服务，保障县域和社区的物理网点供给，统筹考虑经济效益和社会效益，既要避免重复建设、过度竞争，也要避免网点撤并所带来的金融空白、金融排斥等问题。

四是充分发挥保险保障作用。推动农业保险"提标、扩面、增品"，扩大三大粮食作物完全成本和收入保险试点范围，积极拓展产粮大县农业大灾保险覆盖面，提高养殖大县的养殖险覆盖面和保障程度，健全农业再保险制度。提升农村地区人身保险发展水平，积极发展面向低收入人群的普惠保险。创新商业养老保险产品，满足不同收入群体的养老需求。鼓励发展针对县域居民的健康险业务，扩大健康险在县域地区的覆盖范围，拓展健康险保障内容。

五是创新涉农金融产品和服务方式。推动农村数字金融创新，银行业、保险业要积极推动金融科技和数字化技术在涉农金融领域的应用。鼓励银行业金融机构在依法合规、风险可控的前提下，基于大数据和特定场景进行批量获客、精准画像、自动化审批，切实提高农村地区长尾客户的服务效率。拓展涉农信贷增信方式，深入推进农村承包土地经营权、集体经营性建设用地使用权、林权、自然资源产权等抵押融资。

六是强化巩固拓展脱贫攻坚成果同乡村振兴有效衔接的金融支持，银行业、保险业要严格落实"四个不摘"要求，在过渡期内保持现有帮扶政策、支持力度总体稳定，并对有关政策逐项分类完善。加大对脱贫地区产业发展的金融支持，对带动脱贫人口较多的产业努力增加信贷投放，鼓励在脱贫地区探索发展防止返贫险，做好脱贫人口小额信贷工作，支持脱贫地区县域产业发展，并且完成脱贫地区信贷保险考核目标。

七是加强农村信用体系建设。各级监管部门要推动地方政府在有条件的地区建立并完善域内涉农信用信息数据平台，整合财税、农业农村、市场监管、林业、气象、社保等部门的涉农信用信息和风险信息；各级监管部门要加强与地方政府的联动，充分发挥基层党组织的力量，压实银行业金融机构责任，开展新型农业经营主体信用建档评级工作，力争在2023年底基本实现全覆盖。完善对逃废债行为的联合惩戒机制，协助化解农村各类信用风险。保持对农村非法集资的高度预警，协调配合有关部门加大对农村非法集资等非法金融活动的打击力度。

八是加强差异化监管考核引领。2021年，银行业金融机构要单列同口径涉农贷款和普惠型涉农贷款增长计划，力争实现同口径涉农贷款持续增长，完成普惠型涉农贷款差异化考核目标。农业发展银行、大中型商业银行要力争实现普惠型涉农贷款增速高于本行各项贷款平均增速的目标；各级监管部门要定期考核涉农金融相关目标计划的完成情况。

（2）中国涉农信贷发放银行情况

2021年，面对新形势新挑战，中国银行业坚持以习近平新时代中国特色社会主义思想为指导，认真贯彻落实党中央、国务院关于金融工作的决策部署，完整、准确、全面贯彻新发展理念，以深化供给侧结构性改革为主线，以改革创新为根本动力，把握发展机遇，加快转型步伐，迎难而上，主动作为，继续做好"六稳""六保"工作，坚决守住不发生系统性金融风险底线，全力服务实体经济稳健高质量发展，为构建新发展格局提供了良好的金融支持。

据不完全统计，2021年银行业金融机构离柜交易笔数达2219.12亿笔；离柜交易总额达2572.82万亿元，同比增长11.46%；行业平均电子渠道分流率为90.29%。截至2021年末，银行业金融机构客服从业人员为5.02万人，全年人工处理来电7.14亿人次，人工电话平均接通率达94.15%。中国银行业金融机构用于小微企业的贷款（包括小微企业贷款、个体工商户贷款和小微企业主贷款）余额达到50.0万亿元，其中单户授信总额1000万元及以下的普惠型小微企业贷款余额为19.1万亿元，同比增速 24.9%；银行业金融机构涉农贷款余额 43.21 万亿元，其中普惠性涉农贷款余额 8.88 万亿元，较年初增长 17.48%，超过各项贷款平均增速 6.18 个百分点。

（3）2021 年全国涉农贷款类别分布

截至 2021 年年末，全国的固定资产投资完成额达到 552884 亿元，比上年同期增长 4.9%。其中农林牧渔业的固定资产投资完成额为 36270 亿元，比上年同期增长 9.3%（见表 2-12）。

表 2-12　　2021 年分行业固定资产投资（不含农户）增长速度

指标	按总量分	
	自年初累计（亿元）	比 2020 年同期增长（%）
固定资产投资完成额	552884	4.9
农林牧渔业	36270	9.3

资料来源：《中华人民共和国 2021 国民经济和社会发展统计公报》，西部发展研究院整理，2022 年 7 月。

2021 年末社会融资规模存量为 314.13 万亿元，同比增长 10.3%；2021 年社会融资规模增量累计为 31.35 万亿元，比上年少 3.51 万亿元，比 2019 年多 5.68 万亿元。分地区来看，东部地区和西部地区社会融资增量占全国的比重分别为 64.64%、19.41%，较上年分别提升 4.89 个百分点、降低 0.31 个百分点。中部地区和东北地区占比分别为 14.63%、1.30%，较上年分别降低 3.66 个、0.95 个百分点。从贷款类别上来看，无论是短期贷款占比、中长期贷款占比、票据融资占比，还是消费贷款占比，东部地区都是最高的（见表 2-13）。这是因为东部地区经济发达，金融制度完善；其次是中部和西部地区。东北地区占比都是最低的，这是东北老工业基地衰落，经济发展缺少内生动力所致。

表 2-13　　2021 年末各地区金融机构本外币贷款余额地区分布　　单位：%

	东部	中部	西部	东北	全国
短期贷款占比	59.84	18.14	17.74	4.28	100.0
中长期贷款占比	59.73	18.23	18.12	3.92	100.0
票据融资占比	59.67	18.11	17.72	4.51	100.0
消费贷款占比	59.35	18.35	17.96	4.34	100.0

资料来源：《中国区域金融运行报告（2021）》，西部发展研究院整理，2022 年 7 月。

（4）2021年金融巩固脱贫攻坚、服务乡村振兴专题

①为在2021年巩固脱贫攻坚成果，人民银行、农业农村部、财政部、银保监会、证监会、国家乡村振兴局联合召开"金融支持巩固拓展脱贫攻坚成果 全面推进乡村振兴电视电话会议"。会议深入学习了习近平总书记关于巩固拓展脱贫攻坚成果和全面推进乡村振兴的重要指示精神，强调金融系统要坚决落实党中央决策部署，进一步提高政治站位，不断增强"四个意识"，坚定"四个自信"，做到"两个维护"，全力支持巩固拓展脱贫攻坚成果，提升金融服务乡村振兴能力和水平，为实现第二个百年奋斗目标贡献新的金融力量。

会议总结了金融精准扶贫工作和成效。金融系统紧紧围绕"精准扶贫、精准脱贫"基本方略，建立健全金融扶贫政策体系、组织体系、产品体系和服务体系，基本消除金融服务盲区，大幅提升农村金融服务能力和水平。打响脱贫攻坚战以来，金融精准扶贫贷款发放9.2万亿元，累计支持贫困人口9000多万人次。

会议要求，要全力做好金融支持巩固拓展脱贫攻坚成果、全面推进乡村振兴工作。过渡期内，要严格落实"四个不摘"要求，保持金融支持力度总体稳定，继续支持脱贫地区和脱贫人口发展。要聚焦保障粮食和重要农产品有效供给等重点领域，以及新型农业经营主体等重点对象，扎实做好金融服务工作。要继续完善支付、征信等农村基础金融服务。大型银行要加快健全乡村振兴金融服务体系，农村中小金融机构要坚持服务当地、服务小微企业、服务城乡居民的"三服务"经营定位，提升乡村振兴金融供给能力。要推动农业保险"扩面增品提标"，在中央明确扩大三大粮食作物完全成本保险和种植收入保险实施范围的基础上，持续扩大地方优势特色农产品保险保障范围。

会议强调，要进一步增强政策合力。运用再贷款再贴现、存款准备金率等货币政策工具，为金融机构服务乡村振兴提供资金支持，做好金融机构服务乡村振兴考核评估工作。更好发挥政府性融资担保的作用，取消或降低对政府性融资担保机构的盈利考核要求。充分挖掘农业农村大数据资源，做好涉农信用信息的整合共享，健全完善新型农业经营主体名单制，搭建农村金融对接平台。

②推进金融助力乡村振兴。党的十九届五中全会明确提出"优先发展农业农村，全面推进乡村振兴"。实施乡村振兴战略，是以习近平同志为核心的党中央做出的

重大部署,是新时代做好"三农"工作的总抓手,是金融系统开展农村金融服务工作的根本遵循。《中共中央 国务院关于全面推进乡村振兴加快农业农村现代化的意见》提出"支持以市场化方式设立乡村振兴基金,撬动金融资本、社会力量参与,重点支持乡村产业发展",并将其作为"强化农业农村优先发展投入保障"的重要内容;《中华人民共和国国民经济和社会发展第十四个五年规划和2035年远景目标纲要》提出"在西部地区脱贫县中集中支持一批乡村振兴重点帮扶县,从财政、金融、土地、人才、基础设施、公共服务等方面给予集中支持,增强其巩固脱贫成果及内生发展能力"。

发挥好金融支持乡村振兴的作用,要做到以下几点:

一是科技性。大力推进农村金融改革向智能高效转变。在现有农村金融管理和运行设施的基础上,积极应用大数据、互联网、云计算等现代信息技术,提高农村金融的智能化、智慧化、现代化水平。通过广泛应用已有金融业领域的先进技术,完善农村金融市场的制度、产品和金融模式,提升金融支持乡村振兴的便捷性和有效性。其中,移动金融和互联网金融的广泛应用,有助于为农村提供成熟的金融技术和便捷的金融基础设施,为今后一段时期推动农村金融创新提供持续动力。

二是普惠性。农村金融服务均等化、普惠化,是破除城乡二元结构体制,实现城乡资源配置均衡化、高效化的核心与关键。大力转变农村金融服务理念和方式,改变和消除"重工轻农""重城轻乡""重大轻小"的偏狭意识。要从均等化、普惠化的金融服务取向出发,大力转变金融服务方式,科学调控金融资源配置,大力扶持民营经济和新型农业经营主体。要建立健全农村金融均等化、普惠化供给的程序和机制,细化农村金融服务的规章制度和操作办法,提高农村金融供给效率和质量。2020年"中央一号文件"就明确指出,稳妥扩大农村普惠金融改革试点,推出更多免抵押、免担保、低利率、可持续的普惠金融产品。伴随着农村改革的不断推进,农民名下的宅基地、林地等可以通过金融创新产品实现融资,最终激活农村潜在的消费需求和投资需求,推动乡村振兴持续发展。

三是融合性。一方面,推进金融系统和乡村产业融合。乡村振兴的基础是产业振兴,随着新的金融科技的广泛应用,新时期的农村金融创新改革更多体现在促进金融服务与农村产业的深度结合上,着重于实现金融与农村生产要素融合、产业融合，进一步改善农村金融生态，为乡村振兴提供有效金融支持。另一方面，推进农村金融纵向系统融合。在农村金融体制内部，不再停留在单个环节、单个业务领域的创新改革，而是要实现全环节、全要素、全业务的创新改革。以全国农村金融改革示范县暨广西田东县为例，抓好六大体系改革，即重点抓好农村金融的组织机构体系、信用体系、支付结算体系、保证保险体系、抵押担保体系、村级服务体系等六大体系的改革，提高农村金融纵向系统的融合。

四是市场导向。在乡村振兴战略引导下，金融创新的方向是有效引入社会资本，扩大农业投资，发挥市场导向，通过金融市场的价格机制有效调节农村金融机构与农村主体的市场行为。市场能激发出经济活动参与者的创新热情，不断创造出新的金融产品和金融服务。农村金融服务市场涵盖了信贷、保险、期货期权等多个领域。农村金融服务市场体系越完善，金融服务乡村振兴的水平就越高。目前，银行在涉农业务方面的积极性不强，农业保险整体发展和保障水平仍不高，期货期权市场与普通农业生产经营组织的联系尚不紧密。当然，农村金融创新也离不开政府的有力支持，但政府的工作重点是快速推进农村金融基础设施建设，推进相关的政策改革，最终目的还是要通过市场力量引进符合要求的农业生产组织和金融机构，注入社会资本，盘活农村集体资源，提升农业生产效率，促进农村市场经济的发展。

（5）2021年中国涉农信贷相关政策（见表2-14）

①进一步解决小微企业融资难融资贵问题。中国人民银行根据普惠金融定向降准参与考核机构2020年度普惠金融领域贷款情况考核结果，调整参与考核机构所适用的存款准备金率。参与考核机构包括大型商业银行、股份制商业银行、城市商业银行、非服务县域的农村商业银行、民营银行和外资银行。下调金融机构存款准备金率0.5个百分点（不含已执行5%存款准备金率的金融机构），下调后金融机构加权平均存款准备金率为8.4%。释放资金要用于发放普惠金融领域贷款，从而向市场释放更多可用资金，缓解小微、涉农企业的融资问题。

②进一步推进农村金融服务乡村振兴。按照《中共中央 国务院关于实施乡村振兴战略的意见》和《乡村振兴战略规划（2018—2022年）》有关要求，中国人民银行、银保监会、证监会、财政部、农业农村部2019年联合发布了《关于金融服

务乡村振兴的指导意见》。农业农村部办公厅、国家乡村振兴局综合司联合印发《社会资本投资农业农村指引（2021年）》。这些都意味着金融要在支持巩固拓展脱贫攻坚成果中发挥更重要的作用，持续提升金融服务乡村振兴的能力和水平。

表2-14　　2021年中国涉农信贷相关政策

时间	发布机构	名称	内容
2021年3月4日	银保监会 财政部 中国人民银行 国家乡村振兴局	关于深入扎实做好过渡期脱贫人口小额信贷工作的通知	对于建档立卡脱贫人口，以户为单位发放贷款。边缘易致贫户可按照执行；贷款金额：原则上5万元（含）以下；贷款期限：3年期（含）以内；贷款利率：鼓励银行机构以贷款市场报价利率（LPR）放款，贷款利率可根据贷款户信用评级、还款能力、贷款成本等因素适当浮动，1年期（含）以下贷款利率不超过1年期LPR，1年期至3年期（含）贷款利率不超过5年期以上LPR。贷款利率在贷款合同期内保持不变
2021年3月29日	银保监会 中国人民银行 发展改革委 工业和信息化部 财政部	关于进一步延长普惠小微企业贷款延期还本付息政策和信用贷款支持政策实施期限有关事宜的通知	普惠小微企业信用贷款支持政策延期至2021年12月31日。货币政策工具支持范围为2021年4月1日至12月31日期间新发放且期限不小于6个月的贷款，支持比例为贷款本金的40%，资金总量控制在国务院批准的再贷款额度内。符合条件的地方法人银行业金融机构为最新中央银行评级1—5级的地方法人银行业金融机构
2021年4月2日	银保监会	中国银保监会办公厅关于2021年银行业保险业高质量服务乡村振兴的通知	从八个方面提出了2021年银行业保险业高质量服务乡村振兴工作要求
2021年4月9日	中国银保监会办公厅	中国银保监会办公厅关于2021年进一步推动小微企业金融服务高质量发展的通知	对银行保险机构服务小微企业明确了政策要求
2021年4月22日	农业农村部办公厅 国家乡村振兴局综合司	社会资本投资农业农村指引(2021年)	结合本地实际，充分发挥财政政策、产业政策引导撬动作用，引导好、保护好、发挥好社会资本投资农业农村的积极性、主动性
2021年5月12日	农业农村部办公厅	农业农村部办公厅关于开展新型农业经营主体信贷直通车活动的通知	启动新型农业经营主体信贷直通车活动

续表

时间	发布机构	名称	内容
2020年6月25日	农业农村部 银保监会 国家乡村振兴局	全国脱贫人口小额信贷工作电视电话会议	总结扶贫小额信贷工作的成功经验，部署安排接续做好脱贫人口小额信贷重点工作
2021年6月30日	中国人民银行	中国人民银行关于深入开展中小微企业金融服务能力提升工程的通知	加大对中小微企业的信贷投放，优化对个体工商户的信贷产品服务，扩大普惠金融服务覆盖面
2021年9月24日	农业农村部办公厅 中国农业银行办公室	关于金融支持农业产业化联合体发展的意见	提出建立"政银担"协同机制，通过培育农业产业化联合体队伍、支持"链主"企业提供贷款担保、不断探索有效金融服务模式、建立多部门联动工作机制等十三条举措
2021年12月	中国人民银行	下调金融机构存款准备金率	下调金融机构存款准备金率0.5个百分点（不含已执行5%存款准备金率的金融机构），下调后金融机构加权平均存款准备金率为8.4%。同时下调支农、支小再贷款3个月、6个月、1年期利率0.25个百分点，分别至1.70%、1.90%、2.00%

资料来源：中国人民银行、银保监会、中国农业银行等，西部发展研究院整理，2022年7月。

中国人民银行引导金融机构加大对"三农"、小微企业的金融支持力度。综合运用税收优惠、贴息、奖补、保费补贴等手段激励金融机构加大支农力度。将普惠金融服务情况纳入监管评价体系，明确资本管理、不良贷款容忍度等差异化监管要求。银保监会全力支持乡村振兴，督促银行保险机构持续加大"三农"信贷投放，改进脱贫人口小额信贷政策，促进巩固拓展脱贫攻坚成果与乡村振兴有效衔接，乡村振兴金融服务取得积极进展。

（6）涉农信贷风险分析

①涉农信贷存在的问题。

一是农村信用环境较差，农村融资担保服务缺位。农村征信体系作为社会信用体系的重要组成部分，是金融生态链的重要一环。与城市不同，在农村开展信贷业务必须依赖大量"软信息"。长期以来，我国农村地区频频出现"贷款难"，与信息供给不足、农村信用环境建设滞后密不可分。由于农村地区基础设施相对落后、信息化程度不高以及农民参与农村信用体系建设的积极性不高，当前农村尚未建立覆盖全社会的企业和个人征信系统，银行信用部门通过借款人信用对贷款风险做出合理评估还有很多困难，通常为规避信用风险而惜贷。

二是涉农信贷风险较高。信贷管理手段相对落后，整体信贷管理水平不高。银行虽然建立了比较完善的信贷管理制度和内控机制，逐步强化了信贷管理工作，但基层信用社和部分银行机构在执行过程中，不能认真落实，执行力、落实力较差，信贷人员对贷款"三查"制度执行不严，信贷业务操作不规范，存在违规发放贷款情况，导致贷款质量偏低。在实际工作中，只注重贷款前调查和贷款中审查，疏忽贷后跟踪检查，多数农户贷款基本没有进行贷后检查，贷款发放后信贷人员对借款人生产经营、贷款资金使用去向、资金链等情况掌握不准，导致贷款逾期不能偿还，造成不良贷款余额大、占比高。

三是农村金融体系不完善。自改革开放以来，我国农村金融体系发生了翻天覆地的变化，现在基本形成了包括农村政策性金融、农村合作性金融、农村商业性金融和其他新型农村金融形式等多层次农村金融体系。然而，农村经济发展存在周期性长、时间跨度大、回收期长等特点，已有的农村金融机构已经无法及时满足农村经济发展的资金需求。一方面，农村地区金融机构产权结构不合理的现象依然存在，从而导致产权虚置，商业化程度越来越高，涉农发放贷款难度加大；另一方面，农村地区金融机构存在数量和业务种类较少的问题，主要表现在金融机构的网点以乡镇为主，并且存在分布不均匀、贷款门槛较高、金融理财产品单一等问题。农村地区金融机构服务的层次不高、对象不丰富，在一定程度上制约了金融服务和金融产品的供给。

② 涉农信贷问题的对策。

一是加强"三农"大数据体系建设，创新动态化数据采集方式，加大数据挖掘与应用力度。为解决农村信用信息不对称难题，要加快完善农村信用体系，建立涵盖农村经济组织的农村信用信息数据库。拓展银行与政府间、银行业机构间的信息共享渠道，推动农户信用评级信息共享机制，节约信息调查成本，提高信贷投放效率。一方面，探索建立基于卫星遥感的数据采集模式。借助农业遥感技术、物联网等手段，可实现对种植面积测量、农作物长势监测、产量预测等功能，实现对农业大数据的采集、处理、分析与可视化，可替代传统的依赖人工核实的模式。另一方面，加大数字农业产业链相关布局。数字化农业产业链可以实现农产品生产、加工、储运、销售和消费等环节的集合。相关产业链也会带来商流、物流、资金流、信息流等大量动态化、场景化、批量化数据，可为线上涉农贷款等多项业务的开展提供重要支撑。另外还可以助力农村信用体系建设，积累更多的农业、农村、农民的基础数据，探索农村信用体系建设。同时，打通农业保险、扶贫补贴等数据，推动与农业产业链、三资平台、担保联盟等平台合作，结合农户存款、贷款、结算等行内数据，建立农户数据库，构建农户信用评价体系。同时解决数据利用效率低下、数据对风险支撑能力弱等问题。

二是建立农村风险保证体系。第一，政府牵头建立主导市场监管的征信系统。农民融资的瓶颈主要是担保问题，通过政府牵头建立征信系统，能有效解决农村金融机构与农户之间的信息不对称问题，通过信贷体系分散双方的风险承担，增加两方的补偿。例如，通过商业保险、新农合、农村信贷担保基金等方式提供农户的征信情况，双方增加业务往来和信息共享，化解双方风险，形成良好的农村金融市场。第二，担保抵押物的创新探索。农户提供抵押物能减少金融机构贷款的风险，然而金融机构对抵押物的要求简单机械，导致农户难以通过这种方式获得贷款。因此，金融机构应考虑农户的客观条件，创新担保抵押物的种类和规格，如住房换宅基地的抵押制度、宅基地置换贷款的抵押方案、土地承包置换贷款抵押等，尽可能满足农户获取贷款的需求。第三，创新农村金融服务，农业信贷担保机构积极支持金融部门和保险部门开展适合农业经营主体需求的信贷和保险品种。

三是完善农村金融体系。一方面，放宽农村金融市场的准入政策，构建竞争性的农村金融市场，规范发展多种形式的新型农村金融机构。随着各大商业银行纷纷从农村地区撤出，农村金融的竞争体制基本已丧失。从长远看，需要放开农村的资金市场，规范发展多种形式的新型农村金融机构和以服务农村地区为主的地区性中小银行，特别是重点引导各类资本到金融机构网点覆盖率低、金融服务不足、金融竞争不充分的地区投资设立机构，从而形成竞争机制，提高中介机构的功能效率，有效扩大金融服务的数量和品种。另一方面，规范非正规金融组织。简单地禁止农村民间金融活动，事实上并不能真正消除农村民间金融活动，而且还会使这些金融活动因为无法监管而隐藏巨大的金融风险，因此，政府应该允许农村金融的存在并对其行为进行积极的规范。第一，完善相关的制度和法律法规，放松对农村金融体系的准入制度。第二，对从事民间借贷的借款上限、注册原则、地域范围等进行规范。第三，坚决对违法高利贷、非法集资等行为进行严厉的打击。

2.4.3 中国农业产业企业债券情况①

2021年，我国债券市场运行平稳，债券发行量小幅增长，债券托管量稳步增长，交易结算量持续增长。主要债券收益率下行，回购市场利率保持平稳，中债净价指数波动上行。境外机构连续增持，持债规模大幅增长，全球通主渠道地位不断夯实。

2021年，中央结算公司登记发行债券22.84万亿元，同比增长4.44%。地方政府债、国债、政策性银行债、商业银行债券是2021年发行量最大的四类券种，占比分别为33%、29%、22%和8%，合计达92%（见图2-10）。其中，国债发行6.68万亿元，同比下降3.33%；地方政府债发行7.48万亿元，同比增长16.15%；政策性银行债发行5.03万亿元，同比增长2.65%；商业银行债发行1.97万亿元，同比增长1.55%。其他券种发行占比较小，但发行增速较高。信贷资产支持证券发行0.88万亿元，同比增长10.00%，增速较上年提高26.53个百分点。企业债券发行0.44万亿元，同比增长11.18%，增速较上年提高1.80个百分点。政府支持机构债券发行0.19万亿元，同比增长9.83%，增速较上年提高4.98个百分点。

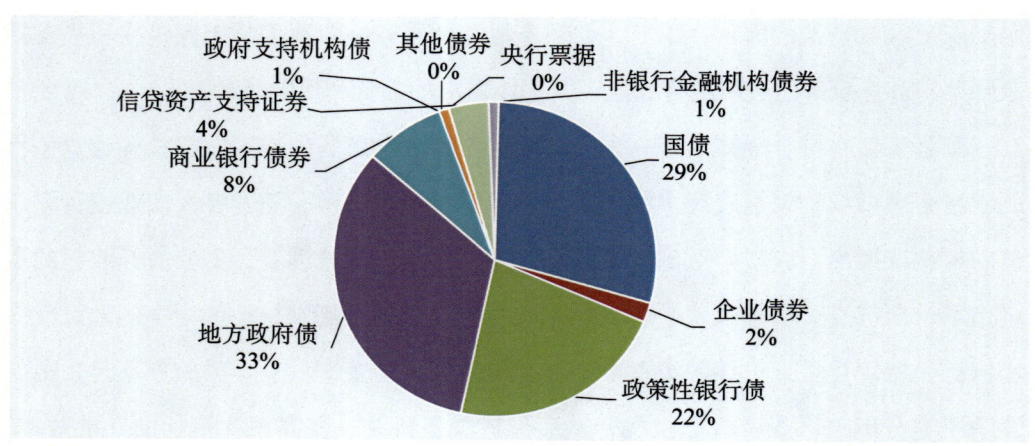

图2-10　银行间债券市场2021年各券种发行量占比

资料来源：中国债券信息网，西部发展研究院整理，2022年7月。

---

① 由于目前我国尚无农业产业企业债的统计信息，因此本部分主要通过全国债券市场分析市场整体企业债的表现情况。

2021年我国债券市场呈现以下几个特点[①]：

一是债券市场发行规模稳定增长。2021年，债券市场共发行各类债券61.9万亿元，较2020年增长8.0%。其中银行间债券市场发行债券53.1万亿元，同比增长9.5%。交易所市场发行8.7万亿元，同比增长1.0%。2021年，国债发行6.7万亿元，地方政府债券发行7.5万亿元，金融债券发行9.6万亿元，公司信用类债券发行14.8万亿元，信贷资产支持证券发行8815.3亿元，同业存单发行21.8万亿元。截至2021年12月末，债券市场托管余额133.5万亿元，同比增长16.5万亿元，其中银行间债券市场托管余额114.7万亿元，交易所市场托管余额18.8万亿元。商业银行柜台债券托管余额599.9亿元。

二是债券收益率整体震荡下行。2021年12月末，1年期、3年期、5年期、7年期、10年期国债收益率分别为2.24%、2.46%、2.61%、2.78%、2.78%，分别较2020年同期下行23bp（基点）、36bp、34bp、39bp、36bp。2021年末，中债国债总指数收盘价为206.6，较2020年同期上涨11.4；中债新综合全价指数收盘价为121.5，较2020年同期上涨11.4。2021年12月，银行间同业拆借月加权平均利率为2.02%，较2020年同期上行72个基点；银行间质押式回购月加权平均利率为2.09%，较2020年同期上行73个基点。

三是债券市场对外开放稳步推进。截至2021年末，境外机构在中国债券市场的托管余额为4.1万亿元，占中国债券市场托管余额的比重为3.1%。其中，境外机构在银行间债券市场的托管余额为4.0万亿元。分券种看，境外机构持有国债2.5万亿元、占比60.0%，政策性金融债1.1万亿元、占比26.8%。

四是债券市场投资者数量进一步增加。2021年末，按法人机构（管理人维度）统计，非金融企业债务融资工具持有人共计1885家。从持债规模看，前50名投资者持债占比56.8%，主要集中在基金公司、股份制商业银行、国有大型商业银行和证券公司；前200名投资者持债占比86.2%。单只非金融企业债务融资工具持有人数量最大值、最小值、平均值和中位值分别为75、1、11、10家，持有人20家以内的非金融企业债务融资工具占比为93.0%。从交易规模看，2021年，非金融企业

---

① 数据来源：《2021年金融市场运行情况》。

债务融资工具前 50 名投资者交易占比 67.4%，主要集中在证券公司、股份制商业银行、基金公司和城市商业银行；前 200 名投资者交易占比 92.4%。

五是货币市场成交量持续提升。2021 年，银行间货币市场成交共计 1164.0 万亿元，同比增长 5.2%。其中，质押式回购成交 1040.5 万亿元，同比增长 9.2%；买断式回购成交 4.7 万亿元，同比下降 32.6%；同业拆借成交 118.8 万亿元，同比下降 19.2%。交易所标准券回购成交 350.2 万亿元，同比增长 21.8%。

六是银行间衍生品市场成交规模平稳增长。2021 年，银行间本币衍生品市场共成交 21.4 万亿元，同比增长 6.5%。其中，利率互换名义本金总额 21.1 万亿元，同比增长 7.5%；标准债券远期成交 2614.8 亿元，信用风险缓释凭证创设名义本金 295.2 亿元，信用违约互换名义本金 36.3 亿元。国债期货共成交 27.5 万亿元，同比增长 4.3%。互换利率有所下降，2021 年末，1 年期 FR007 互换利率收盘价（均值）为 2.21%，较 2020 年末下降 27 个基点；5 年期 FR007 互换利率收盘价（均值）为 2.56%，较 2020 年末下降 28 个基点。

七是股票市场主要指数上涨。2021 年末，上证指数收于 3639.8 点，较 2020 年末上涨 166.7 点，涨幅为 4.8%；深证成指收于 14857.4 点，较 2020 年末上涨 386.7 点，涨幅为 2.7%。两市全年成交额 258.0 万亿元，同比增长 24.7%。

2.4.4　中国农业产业保险情况

2021 年末，我国保险业资产总额达 24.89 万亿元，同比增长 6.82%。保险资金运用余额 23.23 万亿元，其中，银行存款和债券合计占比达 50.31%，股票和证券投资基金合计占比达 12.70%，其他投资占比达 36.99%。原保费收入 4.49 万亿元，同比微降 0.79%。其中，财产险业务实现原保费收入 1.17 万亿元，同比下滑 2.16%。人身险业务实现原保费收入 3.32 万亿元，同比下降 0.30%，其中，寿险业务原保费收入 2.36 万亿元，同比下降 1.71%；健康险业务原保费收入 8447 亿元，同比增长 3.35%；人身意外伤害险原保费收入 1210 亿元，同比增长 3.07%（见表 2-15 和表 2-16）。

表2-15　　　　　　　　　　　　2021年保险市场统计　　　　　　　　　　单位：亿元

项目/季度	第一季度	第二季度	第三季度	第四季度
保费收入	17995	9104	9415	8386
财产险	2969	3059	2753	2889
人身险	15026	6044	6662	5496
赔款、给付	3951	3580	4061	4017
财产险	1702	1707	1992	2286
人身险	2249	1873	2069	1730
资金运用余额	224880	221706	224426	232280
其中：银行存款	27615	26706	26095	26179
资产总额	242584	239915	243196	248874

资料来源：中国银保监会，西部发展研究院整理，2022年7月。

注：由于计算的四舍五入及单位换算原因，第一季度的保费收入与财产险、人身险保费收入之和略有差异。资金运用余额、资产总额和净资产为期末资料。

表2-16　　　　　　　　　2021年各地区原保险保费收入情况表　　　　　　　　单位：亿元

地区	合计	财产保险	寿险	意外险	健康险
合计	44900	11671	23572	1210	8447
集团、总公司本级	37	31	0	4	3
北京	2527	443	1499	62	522
天津	660	154	372	18	116
河北	1995	545	1045	44	361
辽宁	980	289	495	21	175
大连	378	83	230	8	57
上海	1971	524	1048	75	324
江苏	4051	1002	2345	94	610
浙江	2485	745	1288	63	389
宁波	375	176	145	11	43
福建	1052	257	541	30	224
厦门	243	71	122	7	43
山东	2816	668	1473	69	607
青岛	462	144	210	11	96

续表

地区	合计	财产保险	寿险	意外险	健康险
广东	4153	1019	2283	139	712
深圳	1427	377	638	45	367
海南	198	74	80	6	38
山西	998	231	579	22	167
吉林	691	171	349	16	156
黑龙江	995	199	549	17	231
安徽	1380	437	657	37	249
江西	910	265	444	25	176
河南	2360	550	1264	52	494
湖北	1878	380	1087	43	369
湖南	1509	391	749	41	328
重庆	966	214	519	26	206
四川	2205	557	1173	61	414
贵州	496	215	181	21	80
云南	690	262	252	28	148
西藏	40	27	5	3	4
陕西	1052	255	598	24	176
甘肃	490	131	258	14	87
青海	107	45	42	3	17
宁夏	211	65	101	7	38
新疆	686	229	304	18	135
内蒙古	646	205	302	16	123
广西	781	241	346	29	165

资料来源：中国银保监会，西部发展研究院整理，2022年7月。

注：由于计算的四舍五入及单位换算原因，各地区原保险保费收入之和与合计原保险保费收入略有差异。

在政策支持和推动下，我国农业保险近几年实现较快发展。2021年，我国农业保险保费收入976亿元，同比增长近19.8%。农业保险市场发展迅速，保费收入逐年增加，从2007年的53.33亿元增长到2021年的976亿元，增加了18.3倍（见图2-11）。截至2021年12月末，涉农贷款余额43.21万亿元，较年初增长11.83%，普惠型涉农贷款余额 8.88 万亿元，较年初增长 17.48%，超过各项贷款平均增速 6.19 个百分点。2021 年，农业保险为 1.78 亿户次农户提供风险保障 4.72 万亿元。

全国农业保险实现保费收入 976 亿元，农业保险开办区域已覆盖全国所有省份，承保农作物品种超过 270 个，基本覆盖农、林、牧、渔各个领域。

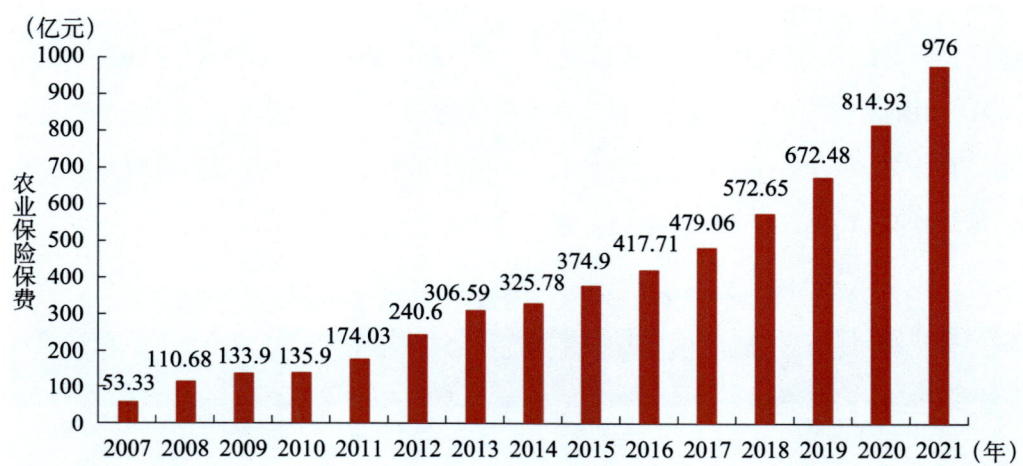

图 2-11　2007—2021 年中国财产保险公司农业保险保费变化

资料来源：国家统计局，西部发展研究院整理，2022 年 7 月。

扩大农业保险覆盖面。一方面，推进政策性农业保险改革试点，在增强农业保险产品内在吸引力的基础上，结合实施重要农产品保障战略，稳步扩大关系国计民生和国家粮食安全的大宗农产品保险覆盖面。另一方面，鼓励各地因地制宜开展优势特色农产品保险，逐步提高其占农业保险的比重。探索构建涵盖财政补贴基本险、商业险和附加险等的农业保险产品体系。同时推广指数保险、区域产量保险、涉农保险，探索开展一揽子综合险，将农机大棚、农房仓库等农业生产设施设备纳入保障范围。开发满足新型农业经营主体需求的保险产品。另外，将农业保险纳入农业灾害事故防范救助体系，充分发挥保险在事前风险防预、事中风险控制、事后理赔服务等方面的功能作用。

2.4.5　2021 年中国非金融领域投资情况

2021 年外商直接投资（不含银行、证券、保险领域）新设立企业 47643 家，比上年增长 23.5%；实际使用外商直接投资金额 11494 亿元，增长 14.9%，折 1735 亿美元，增长20.2%。分行业来看，房地产业新设立企业数量较上年相比有所下降，降低了5.5%。电力、热力、燃气及水生产和供应业，批发和零售业，租赁和商业服务业，制造业，交通运输、仓储和邮政业，居民服务、修理和其他服务业，信息传输、软件和信息技术服务业新设立企业数量实现快速增长，较上年分别增加了78.9%、23.7%、23.7%、19.4%、17.1%、16.8%、15.1%。农林牧渔业新设立企业数量较上年变化不大（见表2-17）。其中"一带一路"沿线国家对华直接投资（含通过部分自由港对华投资）新设立企业5336家，增长24.3%；对华直接投资金额743亿元，增长29.4%，折112亿美元，增长34.9%。全年高技术产业实际使用外资3469亿元，增长17.1%，折522亿美元，增长22.1%。

表2-17　2021年外商直接投资(不含银行、证券、保险领域)及其增长速度

行业	企业数（家）	比上年增长（%）	实际使用金额（亿元）	比上年增长（%）
总计	47643	23.5	11494	14.9
农林牧渔业	491	-0.4	55	38.4
制造业	4455	19.4	2216	2.8
电力、热力、燃气及水生产和供应业	465	78.9	249	14.9
交通运输、仓储和邮政业	693	17.1	351	1.3
信息传输、软件和信息技术服务业	4053	15.1	1345	18.8
批发和零售业	13379	23.7	1098	34.1
房地产业	1125	-5.5	1571	11.7
租赁和商务服务业	9290	23.7	2193	19.3
居民服务、修理和其他服务业	522	16.8	31	44.6

资料来源：国家统计局，西部发展研究院整理，2022年7月。

2021年全年，我国全行业对外直接投资1451.9亿美元，同比增长9.2%。其中，对外金融类直接投资227.4亿美元，同比增加248.78%；全年对外非金融类直接投资1136.4亿美元，同比增长3.1%，分行业来看，农林牧渔业、租赁和商品服务业、房地产业、制造业以及采矿业对外非金融类直接投资额较上年有所下降，分别下降了18.7%、12.4%、8.8%、7.9%、2.2%。交通运输、仓储和邮政业，电力、

热力、燃气及水生产和供应业，信息传输、软件和信息技术服务业，批发和零售业以及建筑业对外非金融类直接投资额较上年有所增加，分别增加了92.5%、75.9%、12.2%、9.8%、7.9%（见表2-18）。其中，对"一带一路"沿线国家非金融类直接投资额203亿美元，增长14.1%。全年对外承包工程完成营业额9996亿元，比上年下降7.1%，折1549亿美元，下降0.6%。其中，对"一带一路"沿线国家完成营业额897亿美元，下降1.5%，占对外承包工程完成营业额比重为57.9%。对外劳务合作派出各类劳务人员32万人[①]。

表2-18　　2021年对外非金融类直接投资额及其增长速度

行业	金额（亿美元）	比上年增长（%）
总计	1136.4	3.1
农林牧渔业	11.3	−18.7
采矿业	49.8	−2.2
制造业	184.0	−7.9
电力、热力、燃气及水生产和供应业	48.9	75.9
建筑业	55.7	7.9
批发和零售业	176.5	9.8
交通运输、仓储和邮政业	51.0	92.5
信息传输、软件和信息技术服务业	75.3	12.2
房地产业	24.9	−8.8
租赁和商务服务业	366.2	−12.4

资料来源：国家统计局，西部发展研究院整理，2022年7月。

另外，2021年在股票融资方面，全国股票筹资额达到了14746亿元[②]，成交金额为2579734亿元[③]，第三季度的股票市场比较活跃，成交金额相对高于其他三个季度（见表2-19）。

---

① 数据来源：《2021年国民经济和社会发展统计公报》，西部发展研究院整理，2022年7月。
② 由于计算的四舍五入及单位换算原因，与表2-19中股票筹资额之和略有差异。
③ 由于计算的四舍五入及单位换算原因，与表2-19中成交金额之和略有差异。

表2-19　2021年股票市场统计

项目	第一季度	第二季度	第三季度	第四季度
股票筹资额（亿元）	3403	3175	3487	4680
成交金额（亿元）	549392	526774	832470	671098
期末总股本（亿股）	65855	66841	832470	70052
期末市场总值（亿元）	795383	839175	854893	893636
期末上市公司数（家）	4216	4342	4467	4574
期末收盘指数	—	—	—	—
上证综合指数（1990年12月19日=100）	3478	3551	3503	3584
深证成分指数（1994年7月20日=1000）	14369	14866	14370	14701

资料来源：中国人民银行，西部发展研究院整理，2022年7月。

2021年在期货市场方面，期货的成交量为75.14亿手，全年的成交金额为581.20万亿元，同比分别增长22.13%和32.84%。其中第三季度的期货市场比较活跃，成交的金额相对来说高于其他三个季度（见表2-20）。

表2-20　2021年期货市场统计

项目	第一季度	第二季度	第三季度	第四季度
成交量（万手）	184919	371608	187229	192547
成交金额（亿元）	1413584	1449745	1514383	1434277
期末持仓量（万手）	2808	2801	2565	2868

资料来源：中国期货业协会，西部发展研究院整理，2022年7月。

3

中国农业领域企业上市情况

3.1　中国农业领域企业 IPO 上市情况

3.1.1　2021 年中国企业 IPO 上市总体情况

根据 PEDATA MAX 统计，2021 年我国共有 653 家企业成功进行 IPO 上市。从行业来看，IPO 上市第一位的是医疗健康行业，上市案例为 93 起，占比 14.24%；第二位的是企业服务行业，上市案例为 90 起，占比 13.78%；第三位、第四位的是材料和生产制造行业，上市案例均为 84 起，均占比 12.86%；第五位的是消费生活行业，上市案例 49 起，占比 7.50%；其余行业上市案例均在 45 起以下（见表 3-1）。

表 3-1　2021 年中国企业 IPO 上市总体情况

行业	数量（起）	与总数量比（%）	金额（百万元）	与总金额比（%）	平均金额（百万元）	与总平均金额比（%）
材料	84	12.86	29502.15	3.58	351.22	1.19
地产建筑	41	6.28	9470.25	1.15	230.98	2.44
电子商务	19	2.91	10339.50	1.26	544.18	5.26
电子信息	28	4.29	9542.68	1.16	340.81	3.57
房产家居	8	1.23	671.83	0.08	83.98	12.50
化工	17	2.60	4993.00	0.61	293.71	5.88
教育	11	1.68	6102.26	0.74	554.75	9.09
节能环保	16	2.45	7341.05	0.89	458.82	6.25
金融	24	3.68	74536.35	9.06	3105.68	4.17
能源矿产	7	1.07	14480.00	1.76	2068.57	14.29
农业	11	1.68	11940.71	1.45	1085.52	9.09

续表

行业	数量（起）	与总数量比（%）	金额（百万元）	与总金额比（%）	平均金额（百万元）	与总平均金额比（%）
企业服务	90	13.78	38614.20	4.69	429.05	1.11
生产制造	84	12.86	22093.75	2.68	263.02	1.19
文体行业	11	1.68	63932.70	7.77	5812.06	9.09
消费生活	49	7.50	51410.98	6.25	1049.20	2.04
信息技术	21	3.22	92001.93	11.18	4381.04	4.76
医疗健康	93	14.24	117584.79	14.28	1264.35	1.08
政府及公用事业	9	1.38	2330.23	0.28	258.91	11.11
其他	30	4.59	256250.24	31.13	8541.67	3.33
合计	653	100.00	823138.61	100.00	1260.55	100.00

资料来源：PEDATA MAX，西部发展研究院整理，2022年7月。

从融资额来看，医疗健康行业融资额最多，93家上市企业共融资174.01亿美元，占2021年IPO融资总额的14.28%；其次是信息技术行业，21家上市企业共融资136.14亿美元，占2021年IPO融资总额的11.18%；第三是金融行业，24家上市企业共融资111.93亿美元，占2021年IPO融资总额的9.06%。

2021年，共有18家企业涉足农业领域进行IPO上市。其中，有11家企业在农业行业上市，其余7家企业既涉足农业领域，也涉足金融、化工、生产制造、消费生活、地产建筑、电子商务、材料、医疗健康、文体等行业。涉足农业领域上市的18家企业通过IPO共融资46.43亿美元，融资总金额较2020年有小幅增长。与其他行业相比，农业领域企业IPO融资规模相对较小。

3.1.2　2021年中国农业领域企业IPO上市情况

（1）总体情况

2021年，农业领域共有18家企业发行新股并成功上市交易，融资金额46.43亿美元。其中有12家企业得到VC/PE的支持（见表3-2）。

表3-2　　　　　　　　　2021年中国农业领域IPO上市总体情况

上市时间	行业（清科）	股票名称	筹资额（百万美元）	市盈率
2021年10月13日	农业	春雪食品	590	66.67
2021年9月16日	化工、医疗健康、农业	美邦股份	429	16.68
2021年9月9日	消费生活、农业、生产制造、物流仓储	中粮工科	362	52.38
2021年8月19日	金融、农业	沪农商行	8584	5.68
2021年8月5日	材料、电子商务、消费生活、医疗健康、农业、生产制造、文体行业	双枪科技	475	23.65
2021年7月28日	化工、农业、生产制造	润丰股份	1522	17.92
2021年6月18日	农业	优然牧业	2855	5.5
2021年5月28日	农业	神农集团	2245	---
2021年4月28日	农业	东瑞股份	2007	---
2021年4月21日	农业	百龙创园	465	34.06
2021年4月19日	农业	万辰生物	276	73.97
2021年4月13日	农业	晓鸣股份	213	46.26
2021年3月1日	金融、消费生活、农业	园林股份	66	45.67
2021年2月9日	农业	华康股份	1504	19.9
2021年2月5日	地产建筑、医疗健康、农业	华维设计	189	10.86
2021年1月25日	农业	驱动力	52	19.17
2021年1月12日	农业	盖世食品	74	22.07
2021年1月11日	农业	征和工业	476	25.69

资料来源：PEDATA MAX，西部发展研究院整理，2022年7月。

（2）上市地点分布

2021年，农业领域有18家企业全部在境内交易所完成IPO上市。其中，北京证券交易所3家，香港证券交易所主板1家，上海证券交易所主板7家，深圳证券交易所主板3家，深圳证券交易所创业板4家（见图3-1和表3-3）。

（3）二级行业分布

2021年，18家完成IPO上市的农业企业中，15家企业分布于农林牧渔板块，2

家企业分布于农药及化肥板块，1家企业分布于农业金融板块（见图3-2和表3-4）。

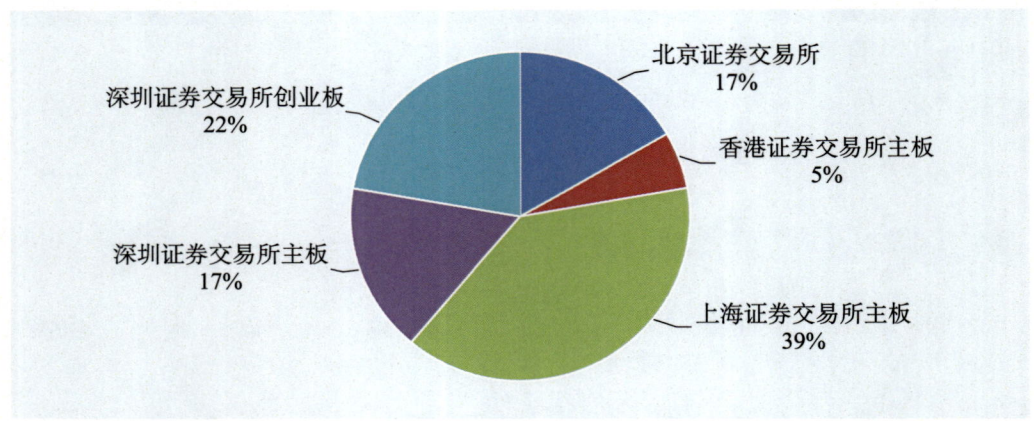

图3-1　2021年农业上市公司地点分布

资料来源：PEDATA MAX，西部发展研究院整理，2022年7月。

表3-3　　　　　　　　　　2021年农业上市公司地点分布

上市地点	北京证券交易所	香港证券交易所主板	上海证券交易所主板	深圳证券交易所主板	深圳证券交易所创业板
上市数量（个）	3	1	7	3	4

资料来源：PEDATA MAX，西部发展研究院整理，2022年7月。

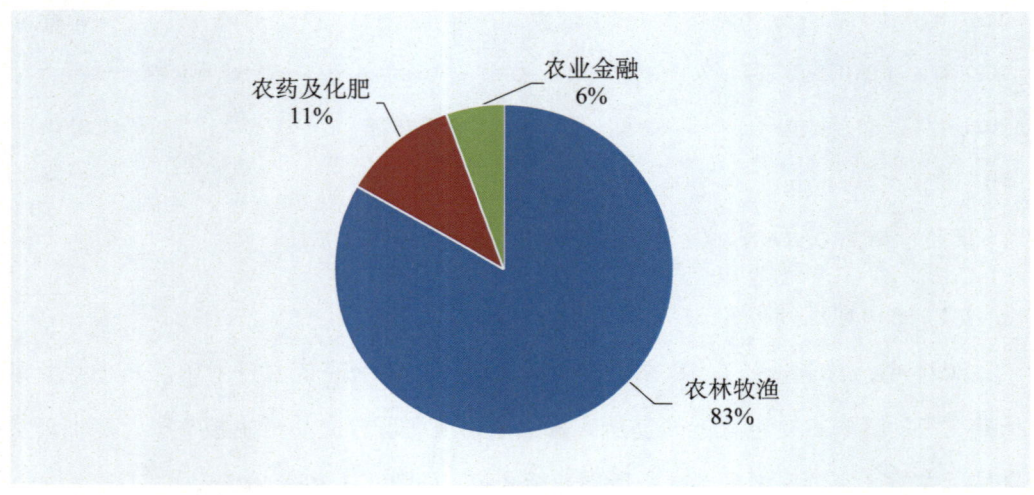

图3-2　2021年农业领域上市公司二级行业分布

资料来源：PEDATA MAX，西部发展研究院整理，2022年7月。

表3-4　　　　　　　2021年农业领域上市公司二级行业分布

行业	农林牧渔	农药及化肥	农业金融
上市数量（个）	15	2	1

资料来源：PEDATA MAX，西部发展研究院整理，2022年7月。

3.1.3　2012—2021年中国农业领域企业IPO上市发展趋势

（1）案例数量

2012—2021年，十年间中国农业领域已披露的投资案例累积达到137起。其中，2013年成功上市的IPO案例最少，仅有3起，2013年中国IPO市场步入史上最严审核时期，各行业IPO项目因此受限，农业领域IPO也大幅减少。2014年受新股发行开闸的影响，国内IPO步入正常化，完成IPO案例15起。2015年成功上市的案例数较2014年有所增长，全年共有19家企业完成IPO。2016年上市案例数量有所下降，共有14家企业完成IPO上市。2018年、2019年、2020年分别有11家、12家、17家企业成功在IPO上市，2021年共有18家企业完成IPO上市，较2020年有所增长（见图3-3）。

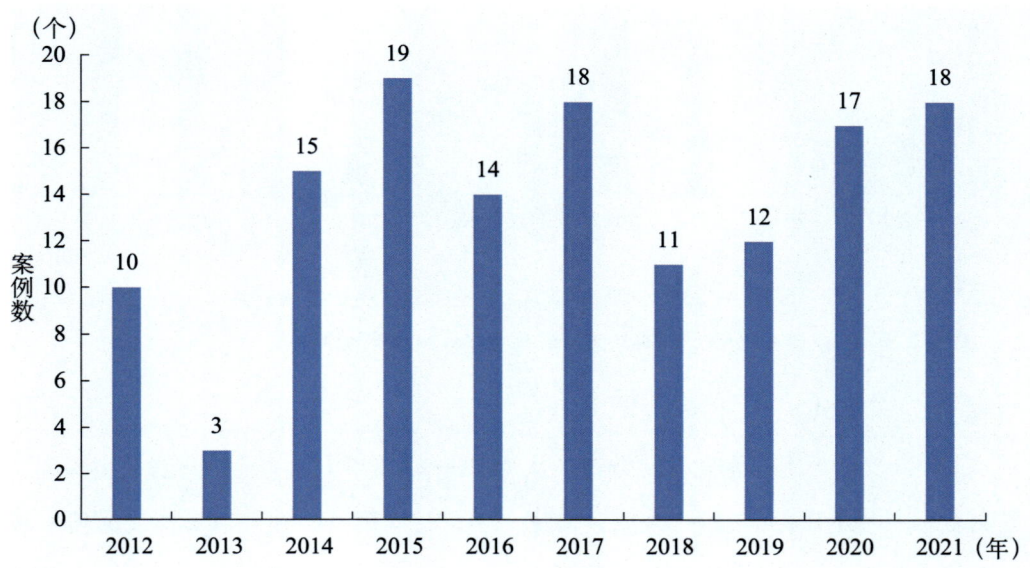

图3-3　2012—2021年中国农业领域企业IPO上市情况（按投资案例数）

资料来源：PEDATA MAX，西部发展研究院整理，2022年7月。

（2）融资金额

2012—2021年，农业领域企业IPO融资总额阶段性波动趋势明显。2012年到2014年上市融资额呈现上升趋势，2013年融资额为19.32亿美元，2014年IPO成功案例数量、融资总额均在上升，分别达到15个、38.97亿美元。2015年的IPO成功案例数量较2014年有所增加，但是融资额却有所下降，比2014年的融资总额下降了4.39亿美元。随后，2018年与2019年IPO成功案例数量分别为11例、12例，但2019年的融资总额却大幅上升达到了65.54亿美元，创新历史新高。2021年IPO成功案例数达18例，融资额较2020年上升了0.91亿美元（见图3-4）。

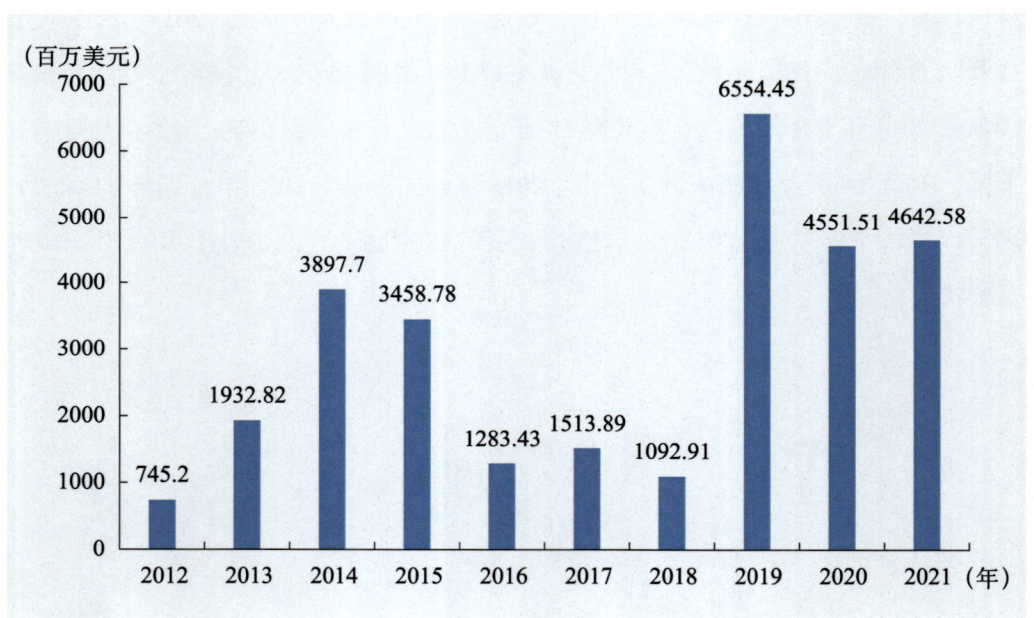

图3-4 2012—2021年中国农业领域企业IPO融资额

资料来源：PEDATA MAX，西部发展研究院整理，2022年7月。

（3）上市地点

①不同交易所上市企业数量分布。从2012—2021年上市企业数量看，在深圳证券交易所主板上市的企业有24家，占比26%，位居第一。在上海证券交易所主板上市的企业有23家，占比25%，位居第二。在香港证券交易所主板上市的企业有15家，占比16%，位居第三。其他的农业领域企业在深圳证券交易所创业板、上海

证券交易所科创版、香港证券交易所创业板、北京证券交易所、纳斯达克证券交易所、法兰克福证券交易所、澳大利亚证券交易所、斯德哥尔摩证券交易所上市（见图3-5和表3-5）。

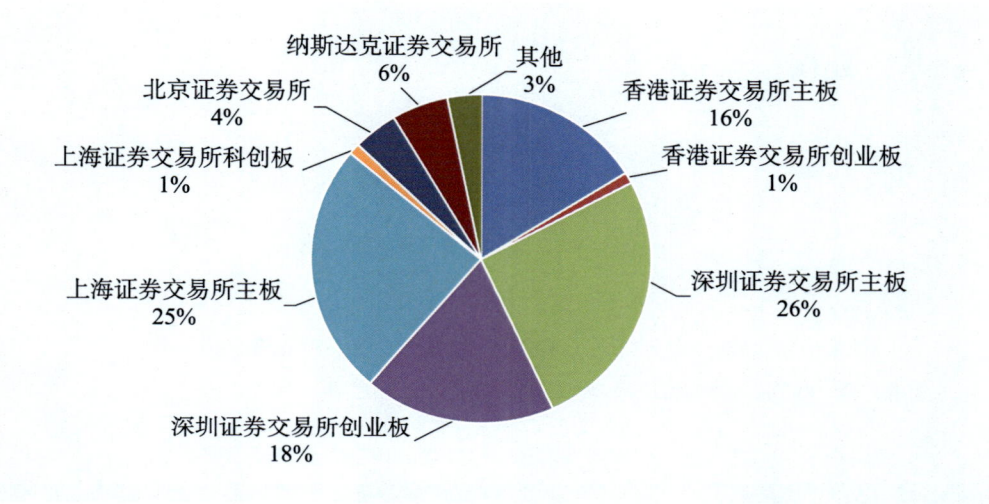

图3-5　2012—2021年中国农业领域企业IPO上市地点分布（按企业数量）

资料来源：PEDATA MAX，西部发展研究院整理，2022年7月。

表3-5　2012—2021年中国农业领域企业IPO上市地点分布（按企业数量）

上市地点	香港证券交易所主板	香港证券交易所创业板	深圳证券交易所主板	深圳证券交易所创业板	上海证券交易所主板	上海证券交易所科创板	北京证券交易所	纳斯达克证券交易所	其他
企业数量（家）	15	1	24	17	23	1	4	5	3

资料来源：PEDATA MAX，西部发展研究院整理，2022年7月。

②不同交易所上市企业融资金额分布。从2012—2021年上市企业融资金额来看，上海证券交易所主板上市企业的融资额位居第一，占比50%，数量众多且单笔融资金额可观。第二是香港证券交易所主板，融资额占比24%。第三是深圳证券交易所主板，融资额占比17%。深圳证券交易所创业板上市企业数量虽多，但融资额占比只有8%。其余融资额主要在上海证券交易所科创板（见图3-6和表3-6）。

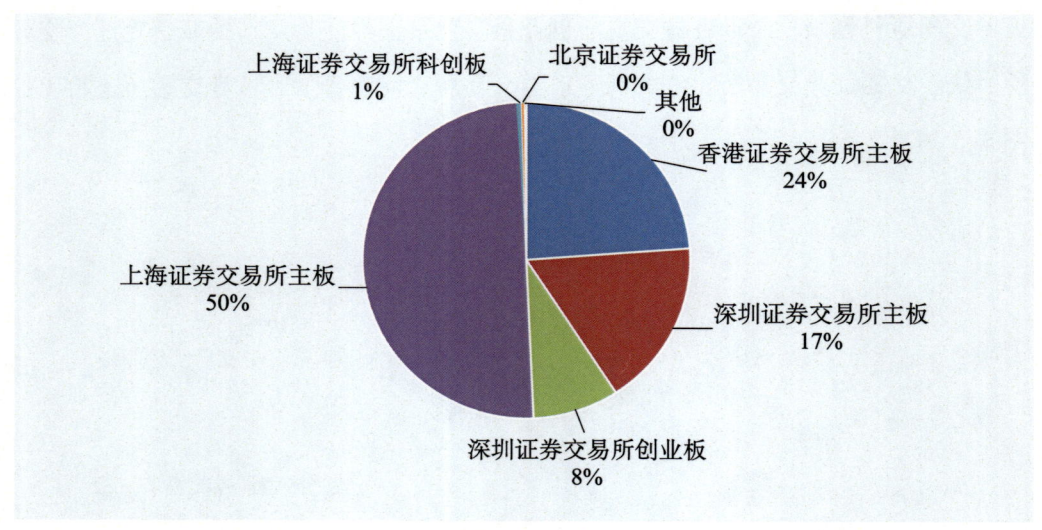

图 3-6 2012—2021 年中国农业领域企业 IPO 融资金额分布

资料来源：PEDATA MAX，西部发展研究院整理，2022 年 7 月。

表 3-6　　　　2012—2021 年中国农业领域企业 IPO 融资金额分布

上市地点	香港证券交易所主板	香港证券交易所创业板	深圳证券交易所主板	深圳证券交易所创业板	上海证券交易所主板	上海证券交易所科创板	北京证券交易所	纳斯达克证券交易所	其他
融资额（百万美元）	2355.67	0	1677.59	839.88	4918.89	51.05	32.72	0	12.31

资料来源：PEDATA MAX，西部发展研究院整理，2022 年 7 月。

（4）二级行业分布

①二级行业上市企业数量分析。从 2012—2021 年上市企业数量看，农业是上市数量最为密集的二级行业，占比达到 63%。居于第二位的是农林牧渔专业及辅助性活动，占比 6%。第三位是并列的农副食品加工业和农业金融，占比 4%。此外农药及化肥和食品制造业占比 3%，林业、畜牧业和其他分别占比 1%、1% 和 15%（见图 3-7 和表 3-7）。

②二级行业融资金额分布。从 2012—2021 年上市企业融资金额看，农业是上市融资金额最集中的二级行业，融资额 30.22 亿美元，占比 30%。其次是农业金融，融资额 26.95 亿美元，占比 27%。位居第三的是农林牧渔专业及辅助性活动，融资 24.82 亿美元，占比 25%。此外，农副食品加工业、畜牧业、食品制造业和农药及化肥的融资

额相对较少，占比均低于5%，分别为3%、1%、1%和小于1%（见图3-8和表3-8）。

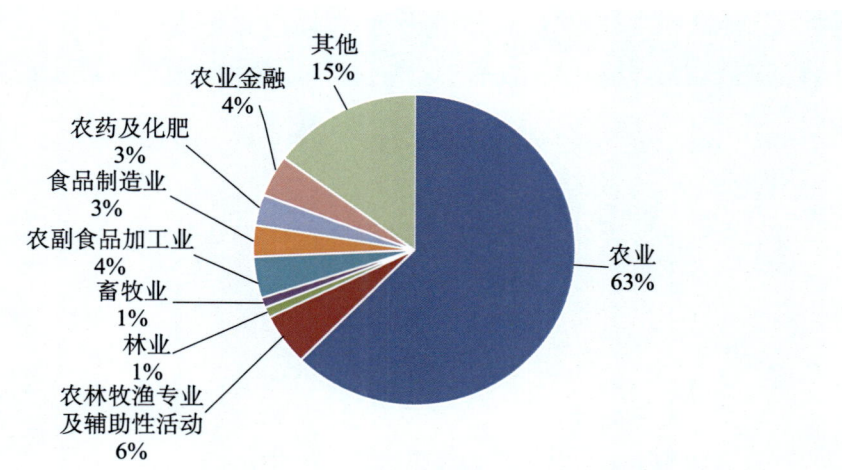

图 3-7　2012—2021 年中国农业领域 IPO 上市企业二级行业分布（按企业数量）

资料来源：PEDATA MAX，西部发展研究院整理，2022 年 7 月。

表 3-7　2012—2021 年中国农业领域 IPO 上市企业二级行业分布（按企业数量）

二级行业	农业	农林牧渔专业及辅助性活动	林业	畜牧业	农副食品加工业	食品制造业	农药及肥料	农业金融	其他
企业数量（家）	58	5	1	1	4	3	3	4	14

资料来源：PEDATA MAX，西部发展研究院整理，2022 年 7 月。

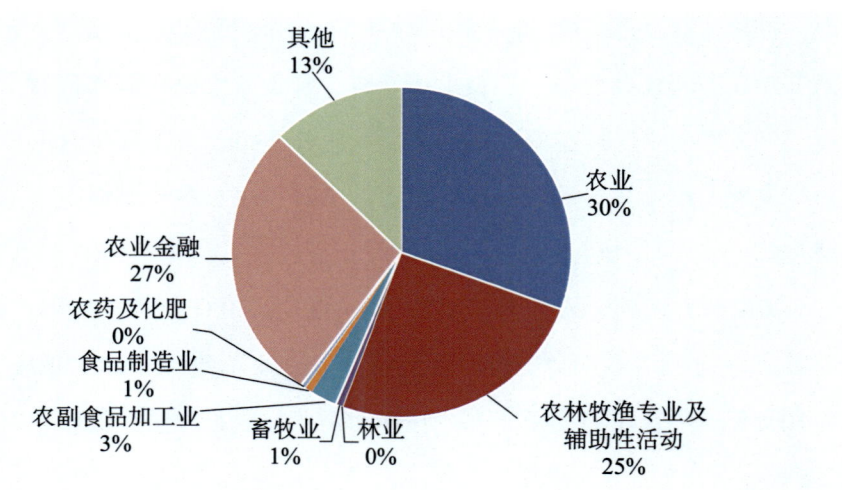

图 3-8　2012—2021 年中国农业领域企业二级行业分布（按 IPO 融资金额）

资料来源：PEDATA MAX，西部发展研究院整理，2022 年 7 月。

表3-8　2012—2021年中国农业领域企业二级行业分布（按IPO融资金额）

二级行业	农业	农林牧渔专业及辅助性活动	林业	畜牧业	农副食品加工业	食品制造业	农药及肥料	农业金融	其他
融资额（百万美元）	3022.72	2482.91	0	60.82	255.275	76.504	40.326	2695.12	1254.46

资料来源：PEDATA MAX，西部发展研究院整理，2022年7月。

3.2　VC/PE 背景的农业企业 IPO 上市情况

3.2.1　VC/PE 背景的农业企业 IPO 上市及融资情况

2021年，农业领域成功实现IPO上市的18家企业中有12家得到了VC/PE的支持，占IPO上市农业企业的66.67%，融资金额占比为98.34%。风险投资机构通过积极参与企业管理，并协助选择承销商及承销时机，对中小企业上市及成长产生了积极影响，因而得到风险支持的企业IPO上市表现更佳，如降低了发行成本、容易实现更低的折价率等。得到VC/PE支持的12家IPO上市企业中，有6家选择在上海证券交易所主板上市，有3家企业选择在深圳证券交易所创业板上市，有2家企业选择在深圳证券交易所主板上市，有1家企业选择在香港证券交易所主板上市。综合比较，在上海证券交易所主板进行IPO上市的企业，融资额较大。

2012—2021年，农业领域共93家企业完成IPO上市。其中，有50家企业在上市前得到VC/PE资金支持，占IPO上市企业总数53.76%（见表3-9）。风险投资有助于加强企业的创新能力，并推动企业的成长和技术创新，对企业产生良好影响。

表3-9　2012—2021年VC/PE对中国农业企业IPO支持情况（按企业数量）

VC/PE 支持情况	企业数量（家）	占比（%）
有 VC/PE 支持	50	53.76
无 VC/PE 支持	43	46.24
合计	93	100

资料来源：PEDATA MAX，西部发展研究院整理，2022年7月。

从融资金额来看，2012—2021年获得VC/PE支持上市的农业企业的融资金额占全部融资金额的86.32%，可以看出，VC/PE的支持有助于企业在上市时实现较大的融资需求（见表3-10）。

表3-10　2012—2021年VC/PE支持中国农业企业IPO融资情况

VC/PE 支持情况	筹资额（百万美元）	占比（%）
有 VC/PE 支持	8536.16	86.32
无 VC/PE 支持	1351.98	13.68
合计	9888.15	100

资料来源：PEDATA MAX，西部发展研究院整理，2022年7月。

3.2.2　投资回报情况

根据投中数据（CVSource）统计，2021年农业领域共涉及16笔IPO退出案例，根据已披露数据测算行业平均账面回报率为3.85倍，最高账面回报率为80.08倍，最低为0.21倍，实现账面回报率金额126.82亿美元。与2020年相比，行业账面平均回报率与账面回报金额均有大幅的上升（见图3-9和表3-11、表3-12）。

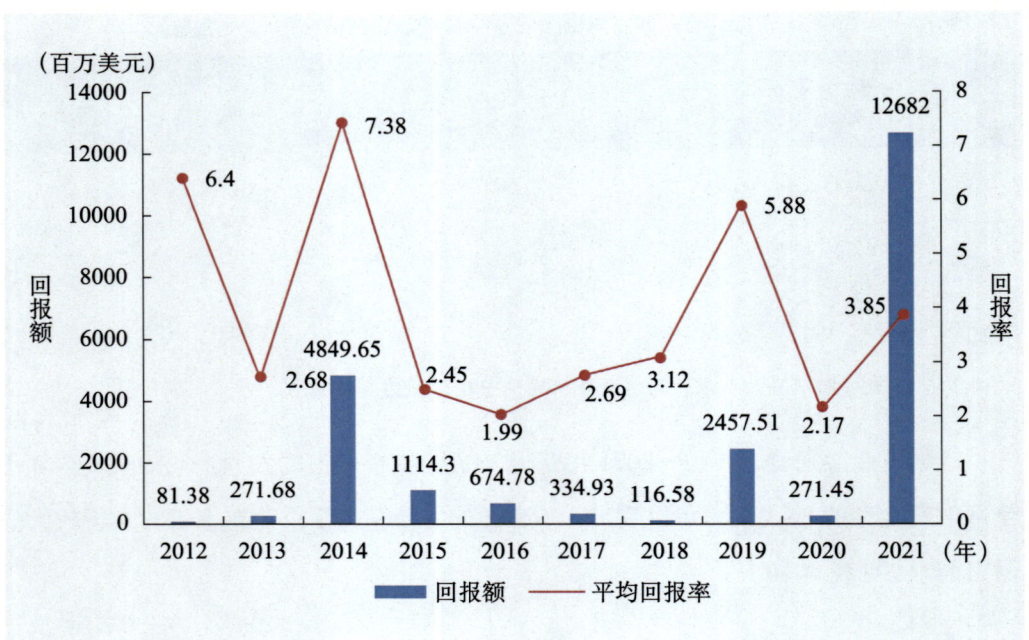

图 3-9　2012—2021 年中国农业领域 VC/PE 机构 IPO 退出回报趋势

资料来源：PEDATA MAX，西部发展研究院整理，2022 年 7 月。

表 3-11　　　　　　　2021 年 VC/PE 投资农业企业 IPO 退市案例汇集

时间	案例简述
2021 年 10 月 13 日	春雪食品集团股份有限公司上市，莱阳市共创投资管理中心（有限合伙）、山东豪迈欣兴股权投资基金合伙企业（有限合伙）、烟台天自春雪股权投资中心（有限合伙）、山东毅达创业投资基金合伙企业（有限合伙）、烟台天自雪瑞股权投资中心（有限合伙）获得退出，账面退出回报率均为 2.12 倍
2021 年 9 月 9 日	中粮工程科技股份有限公司上市，合肥美亚光电技术股份有限公司、深圳市明诚金融服务有限公司、上海复星惟实一期股权投资基金合伙企业（有限合伙）获得退出，账面退出回报率均为 5.69 倍
2021 年 8 月 19 日	上海农村商业银行股份有限公司上市，上海联发胶粘制品有限公司、上海环岛保洁服务有限公司、浙江雁皇羽绒制品有限公司、福建永合联科发展有限公司、上海社会福利发展有限公司、深圳市联想科技园有限公司、上海顺脉贸易有限公司、上海伟龙企业有限公司、上海国际集团有限公司、上海轻工业对外经济技术合作有限公司获得退出，账面退出回报率为 1.51 倍、3.62 倍、2.17 倍、1.78 倍、8.09 倍、0.21 倍、1.8 倍、8.09 倍、0.93 倍、1.28 倍；上海泽隆实业有限公司、上海亚莱菲时装有限公司、上海友城绅士服有限公司、上海青浦香花桥电力安装有限公司、上海亨远船舶设备有限公司、上海青华市政工程砼构件有限公司、上海双浦橡胶防腐衬里有限公司、上海大昆置业有限公司、上海骏利（集团）有限公司等获得退出，账面退出回报率均未披露

续表

时间	案例简述
2021年8月5日	双枪科技股份有限公司上市，杭州科发创业投资合伙企业（有限合伙）、浙江科发资本管理有限公司、宁波梅山保税港区凯珩凯信投资合伙企业（有限合伙）、宁波科发海鼎创业投资合伙企业（有限合伙）、舟山金永信润禾创业投资合伙企业（有限合伙）、浙江华睿泰信创业投资有限公司获得退出，账面退出回报率为2.52倍、1.65倍、1.3倍、2.52倍、2.15倍、11.95倍
2021年7月28日	山东潍坊润丰化工股份有限公司上市，济南信博投资有限公司获得退出，账面退出回报率为80.06倍
2021年6月18日	中国优然牧业集团有限公司上市，BCC Piano Investments, L.P.、嘉煌有限公司、乘胜控股有限公司、PAGAC Yogurt Holding III Limited、Meadowland Investment Limited Partnership、PAGAC Yogurt Holding II Limited、PAGAC Yogurt Holding I Limited获得退出，账面退出回报率为2.02倍、2.02倍、2.02倍、2.02倍、3.31倍、2.24倍、4.09倍
2021年5月28日	云南神农农业产业集团股份有限公司上市，深圳市领誉基石股权投资合伙企业（有限合伙）获得退出，账面退出回报率为4.4倍
2021年4月21日	山东百龙创园生物科技股份有限公司上市，青岛恩复开金创业投资基金合伙企业（有限合伙）、嘉兴恩复开金投资合伙企业（有限合伙）、深圳鸿庆华融二号投资企业（有限合伙）获得退出，账面退出回报率均为2.72倍
2020年4月22日	福建万辰生物科技股份有限公司上市，江苏福地置业有限公司、上德投资基金新三板2号证券投资基金、联创新三板1号资产管理计划、华泰证券股份有限公司获得退出，账面退出回报率为0.94倍、0.53倍、0.53倍、1.32倍；珠海市诚道天华投资合伙企业（有限合伙）、漳州市金信财务有限公司、慧创联创新三板1号投资基金、嘉兴涌兴世康股权投资合伙企业（有限合伙）、闽投行壹号（厦门）投资合伙企业（有限合伙）、漳州市芗城区漳投股权投资合伙企业（有限合伙）、厦门东方汇雅股权投资合伙企业（有限合伙）获得退出，账面退出回报率均未披露
2021年4月13日	宁夏晓鸣农牧股份有限公司上市，辰途第一产业股权投资基金、北京大北农科技集团股份有限公司、正大投资股份有限公司获得退出，账面退出回报率为2.5倍、3.03倍、2.84倍；银川辰途股权投资合伙企业（有限合伙）、合肥市泽森东和投资咨询中心（有限合伙）、岭南金融控股（深圳）股份有限公司、永柏联投新三板成长优选私募证券投资基金、上海嘉泰投资管理有限公司、广州谢诺投资集团有限公司、北京融拓智慧农业投资合伙企业（有限合伙）获得退出，账面退出回报率均未披露
2021年3月1日	杭州市园林绿化股份有限公司上市，杭州叩问股权投资合伙企业（有限合伙）、青岛仰岳创业投资合伙企业（有限合伙）、上海仰岳晋汇投资合伙企业（有限合伙）、浙江舟洋创业投资有限公司获得退出，账面退出回报率均为0.94倍；南海成长精选（天津）股权投资基金合伙企业（有限合伙）、融银黄海创业投资有限公司、杭州金海棠雨露投资合伙企业（有限合伙）获得退出，账面退出回报率均为1.29倍；上海创瑞元京投资发展中心（有限合伙）、上海沃石投资有限公司、浙江亿品创业投资有限公司、浙江金海棠阳光投资合伙企业（有限合伙）获得退出，账面退出回报率均为1.51倍

续表

时间	案例简述
2021年2月9日	浙江华康药业股份有限公司上市，杭州唐春投资管理有限公司、海越能源集团股份有限公司、福建雅客食品有限公司获得退出，账面退出回报率为4.0倍、5.78倍、4.89倍；绍兴上虞远景创业投资合伙企业（有限合伙）、浩华益达科技有限公司、宁波微著资产管理有限公司、杭州和盟皓驰投资合伙企业（有限合伙）获得退出，账面退出回报率均为3.8倍
2021年2月5日	华维设计集团股份有限公司上市，椿鹏（深圳）信息技术有限公司获得退出，账面退出回报率未披露
2021年1月25日	广东驱动力生物科技集团股份有限公司上市，广州弦丰投资有限公司、西藏猎影投资管理有限公司获得退出，账面退出回报率为7.62倍、1.38倍；广州市白云投资基金管理有限公司获得退出，账面退出回报率未披露
2021年1月12日	大连盖世健康食品股份有限公司上市，江海证券有限公司获得退出，账面退出回报率未披露
2021年1月11日	青岛征和工业股份有限公司上市，深圳市达晨创恒股权投资企业（有限合伙）获得退出，账面退出回报率为4.88倍

资料来源：PEDATA MAX，西部发展研究院整理，2022年7月。

表3-12　2021年VC/PE支持农业IPO上市的账面回报情况

上市企业	投资机构	上市前持股比例（%）	上市后持股比例（%）	账面回报（倍数）	内部收益率（%）
春雪食品集团股份有限公司	共创投资	1.000	0.750	2.12	16.57
	豪迈资本	3.000	2.250	2.12	39.06
	春雪投资	4.330	3.247	2.12	39.06
	毅达资本	5.000	3.750	2.12	43.96
	雪瑞投资	6.640	4.980	2.12	43.96
中粮工程科技股份有限公司	美亚光电	4.260	3.410	5.69	3.90
	明诚金融	4.260	3.410	5.69	3.90
	上海复星投资	20.460	16.390	5.69	3.90
上海农村商业银行股份有限公司	上海久事	8.454	7.609	0.00	—
	上海联发胶粘制品	0.002	0.002	1.51	13.72
	上海茂捷	0.003	0.002	1.51	13.37
	上海佳立工贸	0.003	0.002	1.51	11.58
	上海环岛保洁服务	0.005	0.004	3.62	64.53

续表

上市企业	投资机构	上市前持股比例（%）	上市后持股比例（%）	账面回报（倍数）	内部收益率（%）
上海农村商业银行股份有限公司	浙江雁皇羽绒制品	0.009	0.008	2.17	21.10
	福建永合联科发展	0.009	0.008	1.78	11.52
	上海永迪实业	0.018	0.017	1.90	22.36
	上海社会福利发展	0.438	0.394	8.09	137.31
	上海润烁企业发展	0.479	0.431	0.00	—
	深圳市联想科技园	0.502	0.452	0.21	−13.63
	上海恒运实业	0.507	0.456	0.00	—
	上海奉贤建设投资	0.553	0.498	0.00	—
	上海顺脉贸易	0.577	0.519	1.80	12.10
	上海伟龙企业	0.657	0.591	8.09	137.31
	上海柘中集团	0.664	0.597	0.00	—
	上海国际集团	0.783	0.705	0.93	−0.68
	上海轻工业对外经济技术合作有限公司	0.826	0.744	1.28	10.74
双枪科技股份有限公司	杭州科发创业	2.930	2.190	2.52	19.82
	浙江科发资本	1.000	0.750	1.65	16.19
	宁波梅山保税港区凯珩凯信投资	1.852	1.389	1.30	13.08
	宁波科发海鼎创业	1.950	1.463	2.52	19.82
	舟山金永信润禾创业	2.603	1.953	2.15	23.77
	浙江华睿泰信创业	13.894	10.421	11.95	24.42
中国优然牧业集团有限公司	BCC Piano Investments, L.P.	5.092	4.430	2.02	239.41
	嘉煌有限公司	1.697	1.477	2.02	239.41
	乘胜控股有限公司	2.037	1.772	2.02	222.79
	PAGAC Yogurt Holding III Limited	22.405	19.493	2.02	212.86
	Meadowland Investment Limited Partnership	17.110	14.886	3.31	552.11

续表

上市企业	投资机构	上市前持股比例（%）	上市后持股比例（%）	账面回报（倍数）	内部收益率（%）
中国优然牧业集团有限公司	PAGAC Yogurt Holding II Limited	26.460	21.670	2.24	267.85
	PAGAC Yogurt Holding I Limited	16.430	9.790	4.09	31.20
云南神农农业产业集团股份有限公司	深圳市领誉基石	3.000	2.700	4.40	213.02
山东百龙创园生物科技股份有限公司	青岛恩复开金创业	14.421	10.804	2.72	8.31
	嘉兴恩复开金	2.421	1.814	2.72	8.31
	深圳鸿庆华融二号	5.263	3.943	2.72	7.98
福建万辰生物科技股份有限公司	江苏福地置业	0.130	0.098	0.94	−10.29
	上德投资基金	0.323	0.242	0.53	−10.59
	联创新三板1号	0.775	0.581	0.53	−10.59
	华泰证券	3.278	2.459	1.32	−4.94
	珠海市诚道天华	0.001	0.001	0.00	—
	漳州市金信财务	0.370	0.277	0.00	—
	慧创联创	0.376	0.282	0.00	—
	嘉兴涌兴世康	0.832	0.624	0.00	—
	闽投行壹号	0.937	0.703	0.00	—
	漳州市芗城区漳投	1.772	1.329	0.00	—
	厦门东方汇雅股权	1.921	1.441	0.00	—
宁夏晓鸣农牧股份有限公司	合肥市泽森东和	1.370	1.020	0.00	—
	岭南金融控股	0.001	0.001	0.00	—
	永柏联投	0.020	0.015	0.00	—
	上海嘉泰投资	0.043	0.032	0.00	—
	广州谢诺投资	0.130	0.100	0.00	—
	北京融拓智慧农业	2.050	1.530	0.00	—
	辰途第一产业股权投资基金	2.850	2.130	2.50	−17.84

续表

上市企业	投资机构	上市前持股比例（%）	上市后持股比例（%）	账面回报（倍数）	内部收益率（%）
宁夏晓鸣农牧股份有限公司	北京大北农科技	3.560	2.670	3.03	−5.54
	银川辰途股权	9.680	7.260	0.00	——
	正大投资	16.070	12.040	2.84	−7.95
杭州市园林绿化股份有限公司	杭州叩问股权	1.320	0.990	0.94	8.88
	南海成长精选	4.520	3.390	1.29	8.88
	青岛仰岳创业投资	0.660	0.495	0.94	8.88
	上海仰岳晋汇投资	0.660	0.495	0.94	8.88
	浙江舟洋创业投资	1.517	1.138	0.94	8.88
	融银黄海创业投资	1.808	1.356	1.29	8.88
	杭州金海棠雨露	2.079	1.559	1.29	8.88
	上海创瑞元京投资	2.640	1.980	1.51	10.24
	上海沃石	0.528	0.396	1.51	10.24
	浙江亿品创业	5.254	3.941	1.51	10.24
	浙江金海棠阳光	1.901	1.426	1.51	10.24
浙江华康药业股份有限公司	杭州唐春投资	4.350	3.260	4.00	81.94
	绍兴上虞远景创业	1.716	1.287	3.80	92.00
	浩华益达科技	1.144	0.858	3.80	92.00
	宁波微著资产管理	0.686	0.515	3.80	92.00
	杭州和盟皓驰投资	3.660	2.745	3.80	92.00
	海越能源	2.284	1.713	5.78	18.62
	福建雅客食品	8.189	6.141	4.89	17.12
青岛征和工业股份有限公司	深圳市达晨创瑞	1.434	1.075	4.88	21.55

资料来源：PEDATA MAX，西部发展研究院整理，2022年7月。

3.3 农业领域企业上市整体表现

2021年，农业领域企业上市情况可以概况为以下两个方面：

（1）IPO上市企业数量与融资金额较2020年有所增长

全年共有18家企业涉足农业领域IPO上市，其中有12家企业得到VC/PE的支持。18家企业通过IPO上市共融资46.43亿美元。

（2）上市企业涉足更多交叉行业领域

2021年度农业领域IPO上市的18家企业中，有11家企业在农业行业上市，其余7家企业既涉足农业领域，又涉足金融、化工、生产制造、消费生活、地产建筑、电子商务、材料、医疗健康、文体等行业。

4

中国农业企业并购情况

4.1 中国产业股权并购总体情况

4.1.1 交易趋势及规模

2021年，我国经济持续平稳增长，产业结构转型升级加快，产业并购交易增长快速，全年完成并购案例数2808起（交易数据披露2005例），实现交易金额1289.03亿美元。与2020年相比，2021年我国并购案例数量同比上升10.99%，实现交易金额同比下降59.35%（见图4-1）。

图4-1　2012—2021年中国企业并购案例数量及金额

资料来源：PEDATA MAX，西部发展研究院整理，2022年7月。

4.1.2 国内并购 VS 跨国并购

（1）并购案例数

近三十几年，我国经济总量快速增长，企业的经营能力与实力得到了显著提升。企业通过并购整合市场上的优质资源已经成为企业经营战略的"新常态"。整体来看，国内并购与跨国并购案例均呈现增长趋势。但相对而言，国内并购案例增长速度要远高于跨国并购，特别是近十年间，国内并购案例数整体呈现增长态势，在2018年和2019年并购案例数连续下降之后，2020年迎来回升。2012—2017年，国内并购案例数从937起增长到3356起，2018年下降到2846起，2019年下降到2084起，2020年回升到2406起，2021年又再次增加到2800起。2012—2018年跨国并购案例数从154起增长到265起，2020年下降到124起，2021年下降为仅8起（见图4-2）。

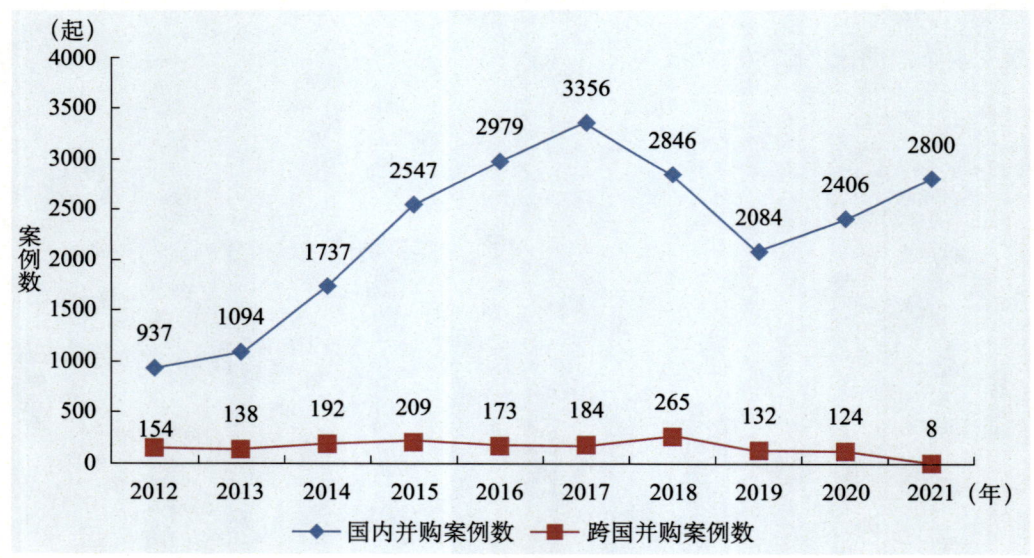

图4-2 2012—2021年国内并购和跨国并购案例数

资料来源：PEDATA MAX，西部发展研究院整理，2022年7月。

（2）并购金额

2012—2021年，我国并购交易金额呈现整体上涨趋势，但2021年较2020年呈下降态势，国内并购和跨国并购金额均有所下降。2012—2016年，国内并购金额从172.79亿美元增长到1939.15亿美元，2017—2019年，回落至1280.82亿美元，

2020年上升至2231.63亿美元，2021年又下降至1209.03亿美元，较2020年同期减少45.82%，呈减弱态势；2020—2021年跨国并购金额也呈下降趋势，2021年较2020年同期下降91.48%（见图4-3）。2021年在案例数目增加的情况下，披露交易数据的案例减少，导致交易额出现回落，披露交易数据仅为1289.03亿美元。

图4-3　2012—2021年国内并购和跨国并购金额情况

资料来源：PEDATA MAX，西部发展研究院整理，2022年7月。

4.1.3　行业分布

从并购交易数量来看，2021年我国企业共完成并购交易2808起（除去关联交易和未完成交易）。其中，企业服务、材料和地产建筑行业完成并购案例数位列前3，分别为477起、341起和254起，占比分别为16.99%、12.14%和9.05%。从已披露的信息来看，2021年我国农业行业完成并购案例86起，已公开披露交易金额达到26.54亿美元（见表4-1）。

表4-1　2021年中国产业并购案例行业分布

行业	案例数（起）	比例（%）	并购金额（百万美元）	与总金额比（%）	平均金额（百万美元）
材料	341	12.14	13956.91	10.83	49.49
地产建筑	254	9.05	28370.48	22.01	163.05
电子商务	102	3.63	2567.80	1.99	36.68

续表

行业	案例数（起）	比例（%）	并购金额（百万美元）	与总金额比（%）	平均金额（百万美元）
电子信息	82	2.92	6567.76	5.10	101.04
房产家居	31	1.10	359.11	0.28	17.10
化工	85	3.03	5131.39	3.98	81.45
教育	46	1.64	4329.41	3.36	196.79
节能环保	51	1.82	1338.35	1.04	36.17
金融	194	6.91	9638.81	7.48	71.40
能源矿产	85	3.03	4013.01	3.11	53.51
农业	86	3.06	2654.91	2.06	49.16
企业服务	477	16.99	14716.00	11.42	47.02
汽车交通	86	3.06	2857.16	2.22	63.49
生产制造	214	7.62	10559.14	8.19	66.83
文体行业	59	2.10	1142.46	0.89	32.64
消费生活	177	6.30	4657.71	3.61	36.39
信息技术	89	3.17	1528.23	1.19	30.56
医疗健康	244	8.69	9214.26	7.15	46.07
政府及公用事业	52	1.85	1018.64	0.79	26.12
其他	53	1.89	4281.58	3.32	109.78
合计	2808	100.00	128903.11	100.00	64.29

资料来源：PEDATA MAX，西部发展研究院整理，2022年7月。

4.2 中国农业产业股权并购情况

4.2.1 总体情况

2021年，农业领域并购市场呈现上升趋势，农业领域共完成并购案例183起，从数量上看，比2020年的126起大幅上升45.24%。但从并购交易金额来看，2020年达到 124.56 亿美元，2021 年并购金额仅为 51.08 亿美元，并购交易金额下降 59.99%。

4.2.2 二级行业分布

（1）并购案例数

2021 年，我国农业领域完成并购交易的 183 起案例，主要分布于农业种植业、林业、畜牧业、渔业、农林牧渔专业及辅助性活动以及其他行业。其中，第一位是农业种植业行业，发生并购案例 106 起，占比为 57.92%；其次是林业，发生并购案例 3 起，占比为 1.64%；最后是农林牧渔专业及辅助性活动、畜牧业和渔业分别完成并购案例 2 起、1 起和 1 起，占农业领域并购案例总数的 1.09%、0.55% 和 0.55%（见图 4–4 和表 4–2）。

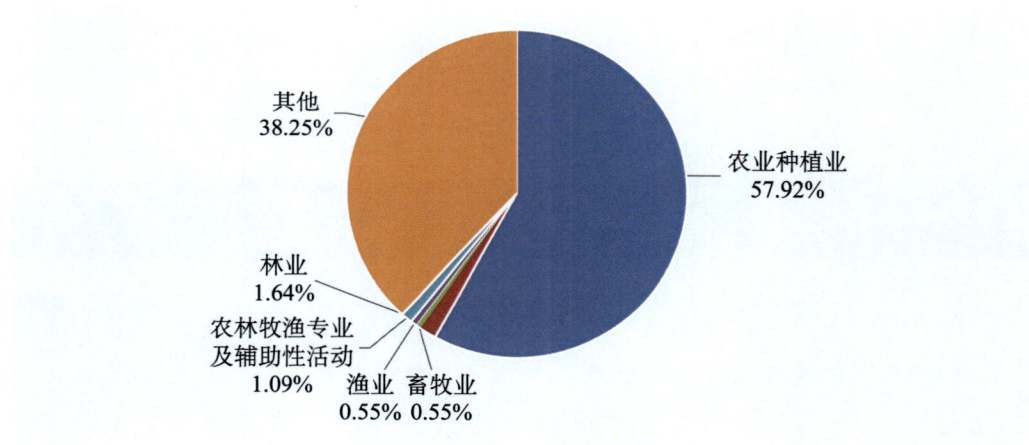

图 4–4　2021 年中国农业领域并购案例数二级行业分布

资料来源：PEDATA MAX，西部发展研究院整理，2022 年 7 月。

表 4–2　　2021 年中国农业领域并购案例二级行业分布

行业	农业种植业	林业	畜牧业	渔业	农林牧渔专业及辅助性活动	其他	总计
并购案例数（起）	106	3	1	1	2	70	183

资料来源：PEDATA MAX，西部发展研究院整理，2022 年 7 月。

（2）并购金额

2021 年，我国农业领域已经披露并购案例的交易总额为 51.08 亿美元。按披露并购金额排序，二级行业顺次为农业、其他、畜牧业、渔业、农林牧渔专业及辅助性活动行业及林业。农业交易金额占比为 67.79%，畜牧业并购案例数占比仅为 0.55%，但交易金额占比达到 3.12%（见图 4-5 和表 4-3）。

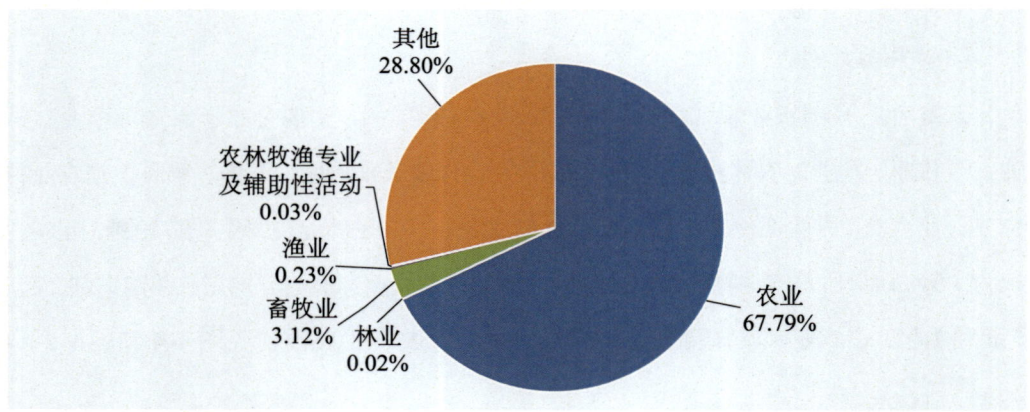

图 4-5 2021 年农业领域并购交易金额二级市场分布

资料来源：PEDATA MAX，西部发展研究院整理，2022 年 7 月。

表 4-3　　　　　　　2021 年农业领域并购交易金额二级市场分布

行业	农业	林业	畜牧业	渔业	农林牧渔专业及辅助性活动	其他	总计
并购金额（百万美元）	3462.72	1.25	159.5	11.85	1.66	1471.07	5108.05

资料来源：PEDATA MAX，西部发展研究院整理，2022 年 7 月。

4.2.3 国内并购 VS 跨国并购

（1）并购案例数

2021 年，中国农业领域并购主要以国内并购为主。国内并购案例共有 182 起，占比为 99.45%；跨国并购案例仅有 1 起，占比 0.55%（见表 4-4 和图 4-6）。

表 4-4　　　2021 年农业领域国内并购与跨国并购(按并购案例数)

	国内并购	跨国并购	其他
并购案例数（起）	182	1	0

资料来源：PEDATA MAX，西部发展研究院整理，2022 年 7 月。

（2）并购金额

从并购交易金额来看，已披露交易金额的国内并购案例数为 112 起，交易金额

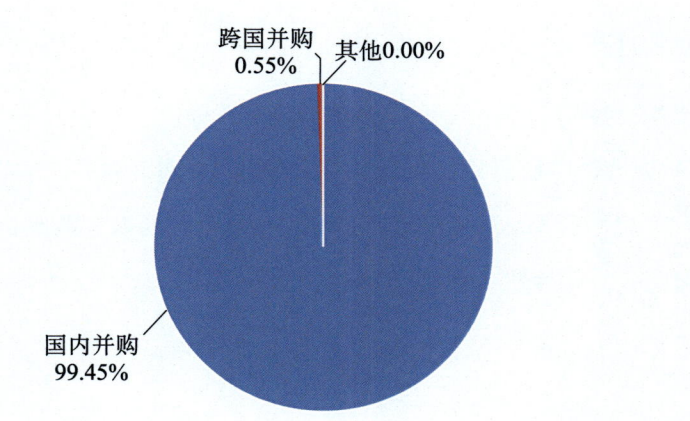

图 4-6　2021 年农业领域国内并购与跨国并购（按并购案例数）

资料来源：PEDATA MAX，西部发展研究院整理，2022 年 7 月。

为 49.48 亿美元，占比为 96.88%；已披露交易金额的跨国并购案例数为 1 起，交易金额为 1.59 亿美元，占比为 3.12%；与 2020 年相比，国内并购交易金额大幅减少（见图 4-7 和表 4-5）。

表 4-5　2021 年农业领域国内并购与跨国并购(按并购金额)

	国内并购	跨国并购	其他
并购交易金额（百万美元）	4948.67	159.38	0

资料来源：PEDATA MAX，西部发展研究院整理，2022 年 7 月。

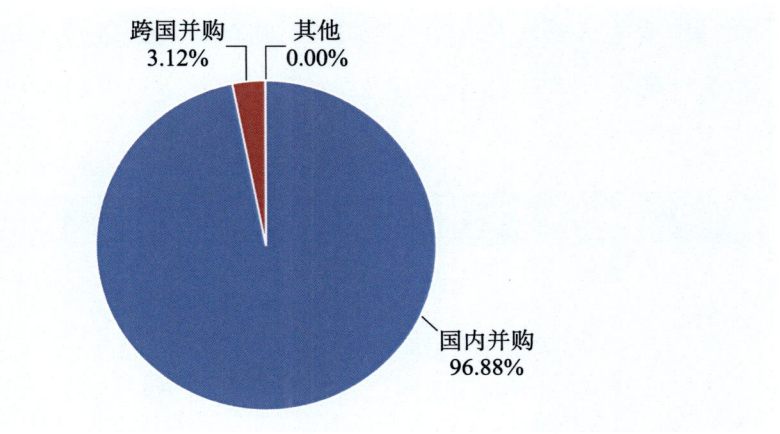

图 4-7　2021 年农业领域国内并购与跨国并购（按并购金额）

资料来源：PEDATA MAX，西部发展研究院整理，2022 年 7 月。

4.2.4 地区分布

（1）并购案例数

按被并购方地区口径划分，2021年182起国内并购案例中，东部地区有120起，中部地区有39起，西部地区23起。东部、中部地区国内并购案例数与2020年的61起、26起比较大幅增多；西部地区相比2020年36起，2021年有所下降（见表4-6）。

表4-6　　2021年农业领域国内并购案例地区分布（按被并购方）

地区	案例数（起）	占比（%）
东部	120	65.93
中部	39	21.43
西部	23	12.64
合计	182	100.00

资料来源：PEDATA MAX，西部发展研究院整理，2022年7月。

（2）交易金额

从已实现并购并且披露的交易金额来看，东部地区交易金额为38.83亿美元，占比78.46%；中部地区交易金额为3.03亿美元，占比6.12%；西部地区交易金额为7.63亿美元，占比15.42%；中部地区和西部地区并购交易金额与2020年并购交易金额相比都有大幅减少，其中中部地区2020年交易金额为59.67亿美元，西部地区为45.57亿美元；东部地区相比2020年14.60亿美元却大幅增加（见表4-7）。

表4-7　　2021年农业领域国内并购交易金额地区分布

地区	并购金额（百万美元）	占比（%）
东部	3882.71	78.46
中部	302.97	6.12
西部	762.99	15.42
合计	4948.67	100.00

资料来源：PEDATA MAX，西部发展研究院整理，2022年7月。

4.3 农业领域并购整体表现

2021 年，农业领域股权并购整体表现如下：

从并购数量和金额来看，并购案例数量增加，并购交易金额下降。全年完成股权并购案例 183 起，并购金额 51.08 亿美元，与 2020 年相比，股权并购案例数上升 45.24%，并购交易金额下降 59.99%。

从二级行业分布来看，并购主要集中在农业行业，并购案例数量占比为 57.92%，并购交易金额占比为 67.79%；林业、畜牧业、渔业、农林牧渔专业及辅助性活动以及其他行业并购案例数量占比分别 1.64%、1.09%、0.55%、0.55% 及 38.25%，并购金额占比分别为 0.02%、3.12%、0.23%、0.03% 及 28.80%。

从地区分布来看，东部地区农业领域并购案例数最多，占比为 65.93%，并购金额也最高，占比为 78.46%；中部和西部地区并购案例数量占比分别为 21.43%、12.64%，并购金额占比分别为 6.12%、15.42%。

5

投资热点分析

2021年是"十四五"规划的开局之年，是开启全面建设社会主义现代化国家新征程、向第二个百年奋斗目标进军的第一年，也是我们党成立100周年，"三农"工作的开展具有特殊重要意义。随着农业政策的不断推进，乡村振兴全面开展，农业农村现代化建设迈向新台阶，农业农村经济保持良好势头，农业高质量发展步履铿锵。2021年农业领域的基本投资除了集中在农用物资（农药及肥料）、畜牧业和农产品及食品加工业这三个传统农业细分产业以外，智慧农业持续吸引投资者关注，在农业农村现代化发展以及生物技术的赋能下，农林牧渔服务业和生物农业开辟了农业投资新空间，成为本年度新的投资热点。

5.1 投资领域分析

5.1.1 农资

农用物资作为农业生产制造投入要素，在生产过程中发挥不可或缺的作用，而农药和化肥作为农资中的关键组成部分，规范使用下能够有效为农产品提质增量。在全面实施乡村振兴战略的背景下，我国农业进入高质量发展的新阶段，农用物资的生产与我国农业发展趋势、国家粮食安全、农产品质量安全和农业生态环境安全息息相关。当代农业的生产建设不能离开农资的有力支撑，农业绿色高质量发展对农资领域提出了高标准、严要求与新挑战，加快了农药和化肥行业的转型发展。

为了加快构建农业高质量发展体系，提高农产品质量安全水平，扎实推进农业农村绿色健康发展，我国出台了一系列政策。2021年2月21日，中共中央、国务院发布了2021年"中央一号文件"，该文件提出了持续推进化肥农药减量增效，推广农作物病虫害绿色防控产品和技术，加强畜禽粪资源化利用，全面实施秸秆综合利用和农膜、农药包装物回收行动，加强可降解农膜研发推广。2021年3月，农业农村部会同国家卫生健康委员会、国家市场监督管理总局发布新版《食品安全

国家标准 食品中农药最大残留限量》（GB 2763—2021），于2021年9月3日起正式实施。标准规定了564种农药在376种（类）食品中10092项最大残留限量，全面覆盖我国批准使用的农药品种和主要植物源性农产品。2021年5月7日，国家市场监督管理总局、国家标准化管理委员会发布公告，批准发布了由全国肥料和土壤调理剂标准化技术委员会于2019年报批的《肥料级硫酸铵》《复合肥料》《微量元素叶面肥料》《有机无机复混肥料》等10项制修订国家标准，并于2021年6月1日起实施。2021版GB 2763标准的发布，基本覆盖我国批准使用的农药品种和主要植物源性农产品，为加强我国农产品质量安全监管提供了充分的技术支撑。

农业农村部数据显示，全国化肥和农药使用量连续5年负增长，2021年农作物秸秆综合利用率、农膜回收率、畜禽粪污综合利用率预计分别超过88%、80%和76%，分别比上年提高0.4个、1个和1个百分点。近年来，国家大力推进农业绿色发展，化肥零增长行动是其中一项重要举措。农业农村部农村经济研究中心研究员金书秦介绍，我国化肥用量从2015年的6022万吨下降到2020年的5250万吨，降幅达到12.8%；施肥强度从369.9千克/公顷下降到313.5千克/公顷。相比"十二五"时期，"十三五"累计减少化肥用量1322万吨，有效遏制了农业面源污染恶化的趋势。2021年，农业农村部继续推进化肥减量增效，修订并发布行业标准，规范有机肥料生产使用。同时，加强科学施肥技术指导，明确不同地区、不同作物、不同产量目标下主要农作物氮肥推荐施用量，助力施肥精准化。中国是世界农业大国之一，相对国外发达国家，各农资子行业的普及率相对不足、集中度相对较低，行业龙头的成长空间较大。

根据清科研究中心PEDATA MAX的数据显示，2021年，我国农业产业共有15家农资企业获得投资，涉及投资金额约28.61亿元，本报告精选三家投资金额排名靠前的企业——广西鹏越生态科技有限公司、深圳诺普信农化股份有限公司和浙江钱江生物化学股份有限公司进行案例分析。

案例一：

2021年9月，贵州川恒化工股份有限公司和广西南国铜业有限责任公司共同投资广西鹏越生态科技有限公司5.3亿元，持股比例共占85.49%（见表5-1）。

表5-1　　　　　　　　　　　　鹏越生态获得投资的情况

投资时间	投资方	被投公司	主营行业	投资金额（百万元）	持股比例（%）	投资轮次	投资阶段
2021年9月	川恒股份 南国铜业	鹏越生态	农资	477.00 53.00	85.49	A	成熟期

资料来源：PEDATA MAX，西部发展研究院整理，2022年7月。

广西鹏越生态科技有限公司于2019年4月成立，公司位于广西崇左市扶绥县渠黎镇"广西中国—东盟青年产业园"，注册资本6.2亿元，是广西"双新"项目和崇左市招商引资重点企业。公司经营范围包括：复混肥、磷肥、磷酸二氢钙的加工及销售；农业技术推广服务；饲料添加剂类、肥料类产品、非金属原料（除危险化学品）、碳酸钙、煤、无机盐、石灰、五金交电、机器设备零配件的购销；货物进出口业务（国家有限制及禁止的除外）；石膏及其制品、钛白粉、水处理剂、钛石膏的生产、销售；建筑材料、机械设备及零配件销售等。

母公司川恒股份，位于贵州省福泉市，注册资本4亿余元，产销能力超过50万吨/年，年销售收入达17亿元以上。经过20年的发展，公司已经形成矿山开采、磷酸盐产品生产、磷化工技术创新、伴生资源开发利用、磷石膏建筑材料、磷营养技术服务、产品销售为一体的磷化工循环经济产业群。川恒股份获得"2020年贵州制造业企业100强""2020年民营企业100强""2020年贵州企业100强""2019年中国磷化工行业'十强'企业""贵州省诚信示范企业"等荣誉。

案例二：

2021年12月，JPMorgan Chase Bank，National Association（摩根大通集团）、国泰君安证券股份有限公司、财通基金管理有限公司、宁聚映山红4号私募证券投资基金、宁聚开阳9号私募证券投资基金、龙隐尊享8号和15号私募证券投资基金、诺德基金管理有限公司、博芮东方价值12号私募证券投资基金和个人投资者共同投资深圳诺普信农化股份有限公司3.5亿元，持股比例共占7.45%（见表5-2）。

表 5-2　　诺普信获得投资的情况

投资时间	投资方	被投公司	主营行业	投资金额（百万元）	持股比例（%）	投资轮次	投资阶段
2021年12月	JPMorgan Chase Bank	诺普信	农资	30.00			
	国泰君安证券			15.20			
	财通基金			41.80			
	宁聚投资			40.00			
	龙隐投资			50.00			
	诺德基金			27.00			
	博芮投资			20.00			
	个人投资者			126.00			

资料来源：PEDATA MAX，西部发展研究院整理，2022年7月。

深圳诺普信农化股份有限公司于1999年9月成立，2008年A股上市，注册资本为9.83亿元，是一家以研发、生产、销售农业投入品（主要是农药制剂和植物营养）并提供专业化综合农业服务的国家级高新技术企业，是深圳市政府认定的总部企业、宝安区先驱性企业、宝安区战略新兴百强企业，国家知识产权优势企业、广东省重点农业龙头企业、广东省民营百强企业。2019年被农业农村部农民日报社评为"2018中国三农创新十大榜样"之一，公司致力于植物保护及品质农业的产业链经营，致力于广大农民的增收致富，致力于保障农产品安全，促进环境改善和生态保护，从而成长为中国优秀的互联网三农企业。

公司形成了"农资研产销、农业综合服务与特色作物产业链"三大战略三块业务齐头并进的发展新格局。一是继续发扬工匠精神打磨研制高品质的农药制剂、植物营养等产品，使其保持全国的领先地位，并整合全球优质资源，多方位地满足农业种植的市场需求；二是全力培灌"田田圈"（公司全资农业服务子公司）的发展，通过控参股各地优秀经销商，打造出一个个区域性领先的农业综合服务平台；三是积极探索单一特色作物产业链经营，将一种作物视为一个产业，创新建立了"公司+政府+农户（合作社）+合作伙伴"的产业园发展新模式，大幅提升农业产业效率，帮助农民增收致富。公司还设立了"特色作物产业科技研究院""致良知农学院"支撑特色作物产业链的科研和新农人培训，并通过公司较为成熟的"产业科技示范园"模式将选定的特色作物逐一落地实施。

案例三：

2021年12月，浙江钱江生物化学股份有限公司获海宁市水务投资集团有限公司上市定增投资3.56亿元（见表5-3）。

表5-3　　　　　　　　　钱江生化获得投资的情况

投资时间	投资方	被投公司	主营行业	投资金额（百万元）	持股比例（%）	投资轮次	投资阶段
2021年12月	水务投资集团	钱江生化	农资、医疗健康	356.00	10.43	上市定增	成熟期、扩张期

资料来源：PEDATA MAX，西部发展研究院整理，2022年7月。

浙江钱江生物化学股份有限公司成立于1993年10月28日，是一家生物农药及兽药研发商，以农业生产的发展为己任，是国家重点高新技术企业，中国农药100强企业，中国农药杀虫剂50强企业，国内规模最大的新型生物农药、兽药生产企业之一。钱江生化旨在向社会奉献绿色环保优质高效的产品，打造具有国际竞争力和影响力的生物技术大型企业集团。

经过四十多年的发展，公司已经成为集产业优势、技术优势、规模优势及管理优势为一体的规范化上市公司。公司具备雄厚的科研开发实力，拥有先进的生产设备，主要生产生物农药（包括杀菌剂、杀虫剂、植物生长调节剂等）、生物兽药、生物医药中间体、饲料添加剂四大系列三十多个产品，同时兼营对外供热等业务。主要从事微生物发酵产品的研究、开发和生产，旗下产品涵盖农用杀菌剂井冈霉素系列、农用杀虫剂阿维菌素系列、植物生长调节剂赤霉素系列以及兽药黄霉素等。

5.1.2　畜牧业

畜牧业是农业的重要组成部分，畜产品的产量及其增长速度是对畜牧业发展状况和结构调整的最直接反应。随着我国经济持续稳定增长、居民收入水平不断提升、消费能力不断增强，居民对畜产品的需求快速增长，推动了我国畜牧业总产值持续上升，现阶段已经形成较为完善的产业链和较为充足的供应能力，成为与种植业并列的农业两大支柱产业之一。我国畜牧业已进入新的发展阶段，正在由传统畜牧业向现代畜牧业转型。党中央已经指明，要按照科学发展观的要求，建设资源节约、环境友好型畜牧业；建设人与自然和谐，以人为本的健康型畜牧业；建设循环经济可持续发展型畜牧业。

近年来，我国畜牧业围绕"保供给、保安全、保生态"总目标，转方式、调结构、促转型，取得了明显成效。为促进畜牧业高质量发展，全面提升畜禽产品供应安全保障能力，2021年1月4日发布的《中共中央 国务院关于全面推进乡村振兴加快农业农村现代化的意见》指出加快实施农业生物育种重大科技项目，深入实施农作物和畜禽良种联合攻关，加快构建现代养殖体系，保护生猪基础产能，健全生猪产业平稳有序发展长效机制。2021年4月20日，农业农村部发布《推进肉牛肉羊生产发展五年行动方案》的通知，指出推进良种繁育体系建设、发展适度规模标准化养殖、扩大基础母畜产能、增加优质饲草供给、加强重大动物疫病防控、逐步完善屠宰加工流通体系、加快牧区生产方式转变、挖掘南方省区牛羊肉增产潜力、加快提升牛羊产业化水平、加强技术指导与服务、加强品牌建设、持续强化质量安全监管、压实地方稳产保供责任、完善政策支持保障体系、强化市场调控推进"互联网+"经营主体。2021年4月16日，农业农村部发布《非洲猪瘟等重大动物疫病分区防控工作方案（试行）》，方案在全国范围内实施，划分为五大区域展开非洲猪瘟等重大动物疫病防控工作，要求做好动物疫病防控，加强生猪调运监管，不向大区外调运除种猪、仔猪、无疫小区生猪外的其他生猪，这一举措有望推动产业转型升级。此外，调运生猪受限或将推动屠宰冷链行业全新发展。饲用玉米、豆粕减量替代相关政策频发，市场供需缺口或将得以改善。《国务院办公厅关于促进畜牧业高质量发展的意见》强调要调整优化饲料配方结构，促进玉米、豆粕的减量替代。2021年9月19日，农业农村部印发《生猪产能调控实施方案（暂行）》，该方案是在农业农村部、国家发展改革委等6部门发布的《关于促进生猪产业持续健康发展的意见》基础上，将相关调控政策措施进一步具体化的操作性文件，填补了生产端逆周期精准调控的政策空白，为稳定生猪生产、保障市场供应提供了有力的政策工具，对促进生猪产业持续健康发展具有重要意义。2021年12月14日，农业农村部发布《"十四五"全国畜牧兽医行业发展规划》，在规划中重点提出，在2025年，全国畜牧业现代化建设取得重大建设，构建"2+4"现代畜牧业产业体系——生猪、家禽两个万亿元级产业，奶畜、肉牛肉羊、特色畜禽、饲草四个千亿元级产业。

2021年，猪肉产能基本与2018年非洲猪瘟爆发前持平，据国家统计局公布的数据，2021年全国生猪出栏量达67128万头，比2020年增长27.4%。2021年全年我国猪牛羊禽肉产量8887万吨，比上年增长16.3%；其中，猪肉产量5296万吨，增长28.8%；牛肉产量698万吨，增长3.7%；羊肉产量514万吨，增长4.4%；禽肉产量2380万吨，增长0.8%。牛奶产量3683万吨，增长7.1%；禽蛋产量3409万吨，下降1.7%。2021年全年鸡蛋产量约为2898万吨，同比减少1.7%，未能延续鸡蛋产量增长的变动趋势。根据各企业公开数据统计，13家上市猪企（牧原、正邦、温氏、新希望、大北农、天邦、中粮、傲农、唐人神、天康、金新农、罗牛山和龙大）2021年度共销售生猪9867.79万头，比上年全年销售量增加4120万头，增长71.68%，占2021年全国生猪出栏67128万头的14.7%，自2017年以来，占比逐年升高。根据农业农村部对全国500个县集贸市场和采集点的定点监测的数据计算得出，2021年仔猪价格56.45元/公斤，同比下降39.55%；活猪价格20.64元/公斤，同比下降39.14%；猪肉价格33.48元/公斤，同比下降36.09%。

根据清科研究中心PEDATA MAX投资事件数据库显示，2021年，共有23家畜牧企业获得投资，涉及投资金额约121.42亿元。本报告精选江西正邦科技股份有限公司、凤集食品集团有限公司和新疆天润乳业股份有限公司进行案例说明。

案例一：

2021年2月，正邦集团有限公司、江西永联农业控股有限公司、共青城邦鼎投资有限公司和共青城邦友投资有限公司共同投资江西正邦科技股份有限公司75亿元人民币，持股比例共占18.4%（见表5-4）。

表5-4　　正邦科技获得投资的情况

投资时间	投资方	被投公司	主营行业	投资金额（百万元）	持股比例（%）	投资轮次	投资阶段
2021年2月	正邦集团	正邦科技	畜牧业	4000.00	18.4	上市定增	扩张期
	永联农业			2000.00			
	邦鼎投资			1000.00			
	邦友投资			500.00			

资料来源：PEDATA MAX，西部发展研究院整理，2022年7月。

正邦集团有限公司，其前身是 1996 年 10 月成立的江西正邦实业有限公司，发展至今，已成为大型农牧业集团，是农业产业化国家重点龙头企业、国家农产品加工企业技术创新机构。正邦集团主营业务分为农牧业和种植业两大产业链。农牧业产业链即猪、牛、羊、禽类、生鲜、屠宰及肉类制品深加工，养殖以及配套的种猪、种禽、商品猪、牛、鸡鸭饲养，以及各类饲料、饲料的添加剂、饲料的原料深加工，动物保健及生物制品、原料蓄储、销售及物流基地项目。种植产业链即大米产业、大米加工、水稻订单农业及蓄储物流，面粉的加工以及小麦的订单农业及蓄储物流，以茶油为切入点的食用油加工，及以租用荒山种植油茶基地的油茶种植，以粮油深加工为主的食品制造。

正邦集团先后被评为农业产业化国家重点龙头企业、中国企业 500 强、中国制造业 500 强企业、中国民营企业 500 强、全国创先争优先进基层党组织、博士后科研工作站、全国饲料工业 30 强企业、国家高新技术企业、农产品加工创新机构、国家生猪核心育种场、第一届全国养猪行业百强优秀企业、全国猪联合育种协作组成员单位、2009 年全国 50 强饲料企业、中国肉类食品行业强势企业、中华商标协会会员，还是中国饲料工业协会副会长单位、中国畜牧业协会副会长单位、中国畜牧业协会猪业分会会长单位。

案例二：

2021 年 3 月，厦门建发金旦股权投资合伙企业（有限合伙）投资凤集食品集团有限公司 1 亿元（见表 5-5）。

表 5-5　　黄天鹅获得投资的情况

投资时间	投资方	被投公司	主营行业	投资金额（百万元）	持股比例（%）	投资轮次	投资阶段
2021 年 3 月	建发新兴投资	黄天鹅	畜牧业	100.00	—	B	成熟期

资料来源：PEDATA MAX，西部发展研究院整理，2022 年 7 月。

"黄天鹅"是凤集食品集团有限公司旗下的一个可生食鸡蛋品牌，专注于鸡蛋研发、生产与销售，致力于聚集全球顶级产业资源，为消费者提供高品质的鸡蛋，是唯一荣获国际食品界奖项大满贯的蛋品企业。"黄天鹅"主打可生食标准的鸡蛋，产品畅销包括盒马、永辉、华润万家、京东等在内的全国数百家高档商超；同时涉及鸡苗、青年鸡的养殖业务。

"黄天鹅"通过引进日本38年可生食鸡蛋标准，建立国内首家可生食鸡蛋企业标准，成立全球首家可生食鸡蛋研究院，成功定义国内高品质鸡蛋标准，成为引领国内蛋品行业未来发展升级方向的蛋品品牌。公司选择海边等远离污染、气候适宜的养鸡场，引进德国、意大利等国际先进鸡舍环境控制设备，带有空调、新风系统；要求养殖人员必须经过全身消毒、洗澡、更衣才能进入鸡舍，杜绝带入病菌；最后，每一枚鸡蛋都要经过日本进口设备清洗、紫外线杀菌，杀灭99.5%以上的细菌才能销往市场。目前公司在四川、广西、浙江等全国7个地区布建基地，市场覆盖上海、北京、深圳、广州、杭州、成都等城市。

案例三：

2021年12月，新疆生产建设兵团第十二师国有资产经营（集团）有限责任公司、财通基金管理有限公司、德汇尊享私募证券投资基金、五矿证券有限公司、德汇尊享九号私募证券投资基金、德汇优选私募证券投资基金、新疆国有资本产业投资基金有限合伙企业、建信基金管理有限责任公司、博芮东方价值12号私募证券投资基金、山东惠瀚产业发展有限公司、世域三期私募证券投资基金、中国银河证券股份有限公司、龙隐尊享8号私募证券投资基金、龙隐尊享2号私募证券投资基金、龙隐尊享15号私募证券投资基金、新疆新动能定向增发一号股权投资合伙企业（有限合伙）和个人投资者共同投资新疆天润乳业股份有限公司5.67亿元，持股比例共占16.11%（见表5-6）。

表5-6　　天润乳业获得投资的情况

投资时间	投资方	被投公司	主营行业	投资金额（百万元）	持股比例（%）	投资轮次	投资阶段
2021年12月	生产建设兵团第十二师国有资产经营	天润乳业	畜牧业	176.00	16.11	上市定增	扩张期
	财通基金			69.10			
	广东德汇			100.00			

续表

投资时间	投资方	被投公司	主营行业	投资金额（百万元）	持股比例（%）	投资轮次	投资阶段
2021年12月	五矿证券	天润乳业	畜牧业	30.00	16.11	上市定增	扩张期
	天山基金			28.00			
	建信基金			26.90			
	博芮投资			25.00			
	山东惠瀚			25.00			
	上海世域			15.00			
	中国银河			12.00			
	龙隐投资			36.00			
	新疆新动能投资			12.01			
	个人投资者			12.00			

资料来源：PEDATA MAX，西部发展研究院整理，2022年7月。

新疆天润乳业股份有限公司（以下简称"天润乳业"）成立于2002年，系新疆生产建设兵团第十二师控股的上市公司，是国家农业产业化重点龙头企业、国家高新技术企业和科技创新百强企业，国家经济动员办公室西北地区（兵团）乳制品动员中心、中国奶业D20联盟成员单位，先后荣获全国文明单位、全国五一劳动奖状、新疆上市公司最具价值增长奖等荣誉。

天润乳业拥有权属企业15家，涵盖种植养殖、乳品加工和市场服务三大产业，拥有天润、盖瑞、佳丽等品牌，拥有天润科技、图木舒克唐王城乳品公司等三家乳品生产企业，引进国外先进技术设备，成为新疆首个智能化控制的生产企业，被评为全国乳品质量安全管理优秀企业。同时，以博士后工作站为平台，与国内外科研院校合作开展产品原始创新，发布新产品质量标准10个，荣获专利37个，形成了纯牛奶、乳饮、特色酸奶等系列产品，品种达68个，被评为新疆最具创新力研发企业。目前该公司已经拥有6家奶牛养殖企业、18个规模化牧场，奶牛养殖规模达到4.6万头，自有奶源达到70%，并且先后在内地30个省市建立了市场网络体系，由区域乳品企业成功跻身全国市场，成为全国奶业行业最具影响力的品牌企业之一。

5.1.3 农产品及食品加工业

农产品及食品加工业连接农业和工业，是国民经济工业体系中重要的组成部分，其发展质量关系到农产品供给保障、农业综合效益、三次产业融合和农业现代化建设，发展壮大农产品及食品加工业，是推进乡村产业振兴和农民增收致富的现实需要。随着农产品加工产业的快速发展，加工的产品广泛应用于人们的饮食、动物的饲料、服装鞋帽、医药保健、建筑材料、化工原料等生活生产方面。但是，科技如何在其中发挥更大的作用，企业如何精准把握市场需求从而健康发展，都是农产品及食品加工产业面临的问题。为进一步促进农产品及食品加工业发展，就必须不断培育壮大龙头企业，持续深化农业产业化经营，延伸产业链，融合创新链，提升价值链，完善利益链。

为促进我国农产品及食品加工业的蓬勃发展，2021年3月1日，农业农村部召开全国推进乡村产业高质量发展视频会，围绕"保供固安全，振兴畅循环"，加快构建现代乡村产业体系，提升乡村产业链供应链现代化水平。要实施好《全国乡村产业发展规划（2020—2025年）》，拓展乡村功能价值，拓展产业增值增效空间。到2025年，农产品加工业营业收入达到32万亿元，主要农产品加工转化率达到80%；培育一批产值超百亿元、千亿元优势特色产业集群；乡村休闲旅游年接待游客人数超过40亿人次，经营收入超过1.2万亿元；返乡入乡创业创新人员超过1500万人。构建现代乡村产业体系，要以第一、第二、第三产业融合发展为路径，要抓规划，各地要编制好"十四五"乡村产业发展规划；要抓平台，建设好"一村一品"示范村镇、农业产业强镇、现代农业产业园、优势特色产业集群以及农产品加工园和返乡入乡创业园等平台；要抓企业，发展壮大龙头企业，培育农业产业化联合体；要抓要素，破解乡村产业发展用地难、贷款难问题；要抓机制，推广契约式、分红式、股权式利益联结方式，让农民有活干、有钱赚。9月29日，第24届中国农产品加工投资贸易洽谈会暨农产品加工业高质量发展论坛在河南省驻马店市举办，该洽谈会以"提升农产品加工业 打造农业全产业链"为主题，聚焦农产品加工业高质量发展，通过线上线下全渠道模式，搭建名优精品展台、合作交流平台和宣传推介舞台。为推动农产品加工业高质量发展，要充分发挥农产品加工业的引领和支撑作用,打造农业全产业链,抱团发展联合体,融合发展新模式,开辟绿色发展新领域,融入新发展格局,总结推广河南经验,抓政策、抓链条、抓企业、抓科技、抓平台、抓机制。11月17日,农业农村部发布《关于拓展农业多种功能 促进乡村产业高质量发展的指导意见》,要做大做强农产品加工业,发挥县域农产品加工业在纵向贯通产加销中的中心点作用,建设标准原料基地、构建高效加工体系、集成加工技术成果、打造农业全产业链、创响知名农业品牌,以实现"到2025年,农产品加工业与农业总产值比达到2.8∶1"的目标。

根据清科研究中心PEDATA MAX投资事件数据库显示,2021年,我国农业产业共有302家农产品及食品加工企业获得投资,涉及投资金额约446.37亿元。本报告精选农产品及食品加工企业——重庆市涪陵榨菜集团股份有限公司、十月稻田农业科技有限公司和内蒙古伊利实业集团股份有限公司进行案例说明。

案例一:

2021年5月,景林丰收3号私募基金、景林全球基金、景林景泰丰收私募证券投资基金、汇添富基金管理股份有限公司、诺德基金管理有限公司、安信证券股份有限公司、中信证券股份有限公司、华夏基金管理有限公司、交银施罗德基金管理有限公司、中信创业投资(上海)有限公司、高盛公司有限责任公司、富国基金管理有限公司、易方达基金管理有限公司、广发基金管理有限公司、国投创益产业基金管理有限公司管理的中央企业乡村产业投资基金股份有限公司、中金期货有限公司管理的融汇1号资产管理计划、景顺长城基金管理有限公司、中国人寿保险股份有限公司–传统–普通保险、长江金色晚晴(集合型)企业年金计划和建信养老养颐嘉富股票型养老金产品共同投资重庆市涪陵榨菜集团股份有限公司33亿元,持股比例占11.07%(见表5-7)。

表5-7　　　　　　　　涪陵榨菜获得投资的情况

投资时间	投资方	被投公司	主营行业	投资金额(百万元)	持股比例(%)	投资轮次	投资阶段
2021年5月	景林资产	涪陵榨菜	食品加工	400.00	11.07	上市定增	扩张期
	汇添富			385.00			
	诺德基金			141.00			

续表

投资时间	投资方	被投公司	主营行业	投资金额（百万元）	持股比例（%）	投资轮次	投资阶段
2021年5月	安信证券	涪陵榨菜	食品加工	102.00	11.07	上市定增	扩张期
	中信证券			122.00			
	华夏基金			146.00			
	交银施罗德基金			100.00			
	中信创业投资			100.00			
	高盛			112.00			
	富国基金			250.00			
	易方达基金			182.00			
	广发基金			260.00			
	国投创益			100.00			
	中金期货			100.00			
	景顺长城基金管理			500.00			
	中国人寿保险股份有限公司－传统－普通保险			100.00			
	长江金色晚晴（集合型）企业年金计划			100.00			
	建信养老养颐嘉富股票型养老金产品			100.00			

资料来源：PEDATA MAX，西部发展研究院整理，2022年7月。

重庆市涪陵榨菜集团股份有限公司，中国A股上市公司，主要从事榨菜、萝卜、泡菜、下饭菜和其他佐餐开胃菜等方便食品的研制、生产和销售。该公司主导产品为乌江牌系列榨菜，乌江榨菜是新中国首个涪陵榨菜注册商标，并获得"工业优质产品银质奖"和"国家质量优质奖"，参与制定5项国家行业标准、各类企业技术标准528项；拥有上百项技术创新，已建成全球先进的榨菜智能化生产线，汇集了德国、日本、美国、瑞士、比利时、法国等多国设备及技术。

涪陵榨菜有着年产 6.1 万吨榨菜产品的自有产能，是中国最大的榨菜加工企业，榨菜腌菜制品全国市场占有率第一。"乌江"牌榨菜先后获得国家质检总局"中国名牌产品"和"产品质量免检证书"、国家工商行政管理总局榨菜行业首枚"中国驰名商标"、中国品牌研究院评定的"中国榨菜行业标志性品牌"。

案例二：

2021 年 5 月，深圳市红杉瀚辰股权投资合伙企业（有限合伙）、宁波梅山保税港区策然投资管理合伙企业（有限合伙）、红杉成长六期控股有限公司、启承西格玛香港投资有限公司、云锋聚媒（香港）有限公司和 CMC 十月控股有限公司共同投资十月稻田农业科技有限公司 14.37 亿元，持股比例共占 13.41%（见表 5–8）。

表 5–8　　十月稻田获得投资的情况

投资时间	投资方	被投公司	主营行业	投资金额（百万元）	持股比例（%）	投资轮次	投资阶段
2021 年 5 月	红杉中国	十月稻田	食品加工	310.00	13.41	B	成熟期
	策然投资管理			49.34			
	红杉中国			310.00			
	启承资本			198.00			
	云锋聚媒			372.00			
	CMC 资本			198.00			

资料来源：PEDATA MAX，西部发展研究院整理，2022 年 7 月。

十月稻田农业科技有限公司创始于 2018 年 5 月，公司目前主要有东北大米、五谷杂粮、代餐粉等产品，为用户提供大米、杂粮等生产加工服务，是一家大米杂粮产品种植加工商。该公司有育种、种植、加工、仓储、销售为一体的全产业链，"互联网 + 农业 + 品牌"的经营模式，线上线下新零售等多个营销渠道，在引领东北粮食行业发展、维护中国粮食市场稳定方面承担着重要的作用。

十月稻田线下入货门店 10000 家，全国本土及大型超市 70 余家，与美菜、快驴、盒马生鲜、7fresh、百果园、华润万家、物美等有着良好的合作关系。线上与京东、天猫、拼多多、苏宁易购、每日优鲜等 40 多个电商平台友好合作，赢得了良好的品牌口碑，任意产品好评率高达 99%。公司秉承社会责任理念，维护国民食品安全，实现经济效益与社会效益双重提高，致力于成为一家中国最有价值的农业及食品品牌企业。

案例三：

2021年12月，高盛公司有限责任公司、招商证券股份有限公司、安联环球投资（新加坡）有限公司、瑞士银行集团、川发精选1号私募证券投资基金、宁波君和同谦股权投资合伙企业（有限合伙）、中泰证券（上海）资产管理有限公司、高毅晓峰2号致信基金、摩根大通银行（中国）有限公司、诺德基金管理有限公司、香港上海汇丰银行有限公司、易方达基金管理有限公司、天津礼仁投资管理合伙企业（有限合伙）管理的卓越长青私募证券投资基金和礼仁卓越长青二期私募证券投资基金、平安养老保险股份有限公司-传统-普通保险产品、平安养老保险股份有限公司-万能-团险万能、安徽省铁路发展基金股份有限公司、红塔证券股份有限公司和巴克莱银行和个人投资者共同投资内蒙古伊利实业集团股份有限公司120.47亿元（见表5-9）。

表5-9　伊利股份获得投资的情况

投资时间	投资方	被投公司	主营行业	投资金额（百万元）	持股比例（%）	投资轮次	投资阶段
2021年12月	高盛公司	伊利股份	畜牧业	1414.00	—	上市定增	扩张期
	招商证券			890.00			
	新加坡安联环球投资			789.00			
	瑞银			677.00			
	四川发展证券基金			350.00			
	君和资本			480.00			
	中泰证券			460.00			
	高毅资产			400.00			
	摩根大通银行（中国）			400.00			
	诺德基金			395.00			
	汇丰银行			382.00			
	易方达基金			372.00			

续表

投资时间	投资方	被投公司	主营行业	投资金额（百万元）	持股比例（%）	投资轮次	投资阶段
2021年12月	天津礼仁投资管理	伊利股份	畜牧业	350.00	—	上市定增	扩张期
	高瓴投资			350.00			
	平安养老保险股份有限公司–传统–普通保险产品			350.00			
	平安养老保险股份有限公司–万能–团险万能			350.00			
	安徽铁投			350.00			
	红塔证券			350.00			
	巴克莱银行			1488.00			
	个人投资者			1450.00			

资料来源：PEDATA MAX，西部发展研究院整理，2022年7月。

内蒙古伊利实业集团股份有限公司，总部位于内蒙古自治区呼和浩特市，伊利集团位居全球乳业五强，连续八年蝉联亚洲乳业第一，营收连续超百亿级增长。2021年实现营业总收入1105.95亿元。目前，伊利在亚洲、欧洲、美洲、大洋洲等乳业发达地区构建了一张覆盖全球资源体系、全球创新体系、全球市场体系的骨干大网。伊利的合作伙伴遍及五大洲，分布在33个国家。通过整合全球优质资源，伊利更好地服务消费者。目前，伊利旗下液奶、奶粉、酸奶、奶酪、冷饮等产品已在全球60多个国家和地区上市。

伊利一直坚持和推动创新战略，紧紧围绕国际乳业研发的重点领域，整合海内外研发资源，从全球视角布设一张涵盖全球领先研发机构的全球创新网络，覆盖亚洲、欧洲、大洋洲和美洲，开展全产业链创新合作，取得了丰硕的实际成效。2020年，伊利集团在研发费用上的投入位居国内乳品行业第一。截至2021年12月初，伊利全球专利申请总数、发明申请总量在2021年世界乳业十强的十家企业中排名第二，成为引领奶业振兴的创新高地。

5.1.4 农林牧渔相关服务业

作为现代农业服务业的主要内容和国民经济发展的重要产业，农林牧渔相关服务业是在传统种养业发展的基础上，围绕农业外部功能所形成的，对于加快农业产业化的步伐、农业经济结构的优化、农民增效增收具有重要意义。但与加快推进农业现代化的要求相比，农林牧渔相关服务业还面临总量偏低、区域差异明显、各地发展不平衡、内部结构不合理等问题，迫切需要加快发展，不断提升服务能力和水平，进一步引领农户进入现代农业发展轨道。

为更好地促进我国农林牧渔相关服务业的发展，2021年4月19日，农业农村部在北京召开农业机械化工作会议，谋划"十四五"时期农业机械化重点任务。会议指出在现代设施农业、智慧农业和数字乡村建设上主动入位；推进机械化与品种选育；要关注禁渔，在满足长江流域退捕转产渔民对机械化技术及装备需求上精准对接；要融入改革，大力发展农机社会化服务，以机械化促进农业生产关系、经营模式创新，在实现小农户与现代农业有机衔接上担当作为。2021年7月7日，农业农村部发布《关于加快发展农业社会化服务的指导意见》，指出要把握趋势、因势利导，推动社会化服务范围从粮棉油糖等大宗农作物向果菜茶等经济作物拓展，从种植业向养殖业等领域推进，从产中向产前、产后等环节及金融保险等配套服务延伸，不断提升社会化服务对农业全产业链及农林牧渔各产业的覆盖率和支撑作用。2021年10月18日，国务院新闻办公室举行新闻发布会，介绍前三季度国民经济运行情况。我国农业经济整体形势比较好，农业生产规模持续扩大，在支持农业发展各项政策措施的作用下，前三季度，我国农林牧渔业增加值同比增长7.4%，两年平均增长4.9%，比上半年加快0.6个百分点。其中，三季度农林牧渔业增加值两年平均增长5.5%，对增长的贡献率超过10%。

在农业生产环节，2020年农林牧渔业增加值占国内生产总值（GDP）的比重为8.0%，为全面准确反映农业生产、加工、物流、营销、服务等全产业链价值，国家统计局制定了《农业及相关产业统计分类（2020）》，与农林牧渔业相比，农业及相关产业主要增加了三方面内容：一是产品为农林牧渔业所用的经济活动，比如肥料、农兽药、农机、渔业船舶等农林牧渔业生产资料制造，以及农田水利设施建设；二是直接使用农林牧渔业产品的经济活动，比如粮油、肉蛋奶、果菜茶等食用农林牧渔业产品加工与制造，棉麻、木竹、天然橡胶等非食用农林牧渔业产品加工与制造；三是依托农林牧渔业资源所衍生出来的经济活动，比如农林牧渔业及相关产品批发零售和仓储配送、农林牧渔业休闲观光和乡村旅游、农业科技信息服务、农业金融服务等。

本报告精选深圳冻师傅科技有限公司、横山县通远综合服务有限责任公司对传统农林牧渔相关服务业获得投资情况进行案例说明；精选农兜（北京）网络科技有限公司和南京生兴有害生物防治技术股份有限公司对新兴服务业获得投资情况进行案例说明。

（1）传统农林牧渔相关服务业

案例一：

2021年4月，深圳冻师傅科技有限公司获得由平阳景行二期股权投资合伙企业（有限合伙）领投，深圳国金天使三期创业投资企业（有限合伙）、老股东深圳极地信天贰期股权投资基金合伙企业（有限合伙）和漠策资本跟投的数千万元A轮融资（见表5-10）。

表5-10 冻师傅获得投资的情况

投资时间	投资方	被投公司	主营行业	投资金额（百万元）	持股比例（%）	投资轮次	投资阶段
2021年4月	平阳景行二期股权投资 国金投资 信天创投 漠策资本	冻师傅	农林牧渔相关服务业	30.00 — 	16.71	A	初创期

资料来源：PEDATA MAX，西部发展研究院整理，2022年7月。

深圳冻师傅科技有限公司创始于2020年深圳市，注册资本145.4299万元，对外投资1家公司，主营产品有进口冷冻牛羊肉、国内原切牛羊肉、调理肉等，其经营模式为"互联网+冻品羊肉流通"，以产业互联网思维，服务于冻品牛羊肉生产者及批发商，是一家专注于冻品牛羊肉食材供应链的产业互联网公司。

冻师傅坚持"合作，诚信，三心，靠谱，成长"的价值观，秉承"货好价更好"的宗旨，以"推动产业升级，让牛羊肉生意更轻松"为使命，为合作伙伴、工厂、批发商提供金融、托管及销售等服务，保证品质和售后，让客户享受工厂源头产品，让供应商的销售渠道拓展到更广大的市场，让批发商赚取更多的利润，致力于成为中国最大牛羊肉交易平台。

案例二：

2021年9月，横山县通远综合服务有限责任公司获得陕西省榆林市榆林高新技术产业开发区投资的420.67万元A轮融资（见表5-11）。

表5-11　　　　通远服务获得投资的情况

投资时间	投资方	被投公司	主营行业	投资金额（百万元）	持股比例（%）	投资轮次	投资阶段
2021年9月	榆林煤炭转化基金管理	通远服务	农林牧渔相关服务业	4.21	35.00	A	成熟期、扩张期

资料来源：PEDATA MAX，西部发展研究院整理，2022年7月。

横山县通远综合服务有限责任公司创始于2010年陕西省榆林市，主要经营范围为食用农产品初加工，农产品的生产、销售、加工、运输、贮藏及其他相关服务，林木育苗，农林牧渔产品批发及互联网零售，是一家以从事农林牧渔专业及辅助性活动为主的企业。公司注册资本1201.9231万元，对外投资1家企业，拥有两项专利：包装盒（香谷小米）和包装盒（大明绿豆）。

2020年根据市扶贫办会同市级农业、市场监管、供销、信用等部门对县区推荐的扶贫产品进行复核，榆林市共有31家供应商、149个扶贫产品通过复核，其中就包括通远服务的米面粮油类的玉米粒、玉米面、玉米糁、黄米、面粉豆油，农副加工类的红枣、瓜子、蜂蜜，时令鲜蔬类的大葱、红薯、土豆的扶贫产品，扶贫产品质量合格、价格合理、带贫真实，不仅扩大了企业生产消费范围，更有效带动脱贫增收。

（2）新型服务业

案例三：

2021年6月，农兜（北京）网络科技有限公司获得由江苏厚积投资管理有限公司管理的扬州恚泉农业投资基金（有限合伙）和不公开的投资者联合投资的 1000 万元 Pre-A 融资（见表 5-12）。

表 5-12　　　　　　　　　　农兜获得投资的情况

投资时间	投资方	被投公司	主营行业	投资金额（百万元）	持股比例（%）	投资轮次	投资阶段
2021年6月	江苏厚积	农兜	农林牧渔相关服务业	7.00	—	Pre-A	成熟期、扩张期
	不公开的投资者			3.00	—		

资料来源：PEDATA MAX，西部发展研究院整理，2022 年 7 月。

农兜（北京）网络科技有限公司，创始于 2013 年北京市，注册资本 100 万元，对外投资 1 家公司，于 2021 年完成了 Pre-A 轮融资，是一家以从事科技推广和应用服务业为主的企业。"农兜"是农兜（北京）网络科技有限公司旗下的农业在线教育专业服务平台，是面向 4000 万新型农民的农业生态服务平台，为 2 万亿农业投入品打造的互联网营销价值链。

在农兜这个平台，养猪农户可以足不出户，在线学习养猪技术和知识；农户分享知识和学习，与专家探讨问题；企业培训和宣传，在线传播经验与互动；农户零成本学习农业种植养殖等技术。农户可以利用碎片化时间，学习所需要的农业科学知识，平台以职能推送、多对一答疑方式满足个性化生产指导需求。农兜既满足企业技术服务、产品推广和销售的需求，同时也满足了新型农民多样化、系统化、一站式解决的需求。

案例四：

2021 年 8 月，南京生兴有害生物防治技术股份有限公司获得由个人投资者投资的 297 万元新三板定增融资（见表 5-13）。

表 5-13　　　　　　　　　　生兴防治获得投资的情况

投资时间	投资方	被投公司	主营行业	投资金额（百万元）	持股比例（%）	投资轮次	投资阶段
2021年8月	个人投资者	生兴防治	农林牧渔相关服务业	2.97	4.69	新三板定增	—

资料来源：PEDATA MAX，西部发展研究院整理，2022 年 7 月。

南京生兴有害生物防治技术股份有限公司，曾用名为南京生兴有害生物防治技术有限公司，创始于2012年江苏省南京市，注册资本576万元，对外投资6家企业。公司主要从事农林业有害生物监测，鉴定与防治产品的开发、生产、运营及技术服务，是一家林业有害生物防治领域国家高新技术企业。企业有优质的人才储备、雄厚的研发基础以及多年的实践积累，在林业有害生物防治领域构建起了成熟的技术体系，具备综合技术服务能力。

生兴防治于2013年入选南京市"领军型科技创业人才引进计划"，2014年入选南京市"科技创业家培养计划"，2016年成功挂牌新三板，2020年被评定为"南京市有害生物防治工程技术研究中心""苏南国家自主创新示范区瞪羚企业""江苏省植物病理学会创新驱动助力工程科技服务站"。另外，公司还被评为省民营科技企业、国家高新技术企业等。

5.1.5 智慧农业

智慧农业是将现代信息技术运用到传统农业的生产种植过程中，进而实现农业智能管理的一种智慧经济形态。当代的智慧农业集新兴的移动互联网、云计算和物联网技术于一体，具有提供实时图像、实行视频监控和实时监测等功能，能够有效地帮助生产管理者对农业生产环境进行智能感知、智能预警、智能决策和智能分析，是农业生产转向精准化种植、可视化管理、智能化决策的重要抓手。

为更广泛地让智慧农业所带来的福利惠及社会，国家出台多项政策文件支持智慧农业的发展。2021年2月21日，"中央一号文件"《中共中央 国务院关于全面推进乡村振兴加快农业农村现代化的意见》发布，将加快农业农村现代化定为总目标，指出要加快农业农村现代化，完善农业科技创新体系，建设智慧农业，促进农业高质高效、乡村宜居宜业、农民富裕富足，为全面建设社会主义现代化国家开好局、起好步提供有力支撑；5月25日，农业农村部发布《农业农村部办公厅关于开展全国农业科技现代化先行县共建工作的通知》，指出要探索数字信息引领，建立一批智慧农业试验区，通过现代信息技术对农业生产各环节数据进行采集与分析，协调农作物生长水、肥、气、热等条件，围绕精量播种、农田插秧、精量变量施肥施药、高效减损收获、秸秆还田作业、农膜回收等方向，推广应用数字化农业装备；

10月10日，中共中央、国务院印发《国家标准化发展纲要》，指出加快智慧农业标准研制，加快健全现代农业全产业链标准，加强数字乡村标准化建设，建立农业农村标准化服务与推广平台；11月12日，国务院印发《"十四五"推进农业农村现代化规划》，指出要深入推进农业科技创新，发展智慧农业，建立和推广应用农业农村大数据体系，推动物联网、大数据、人工智能、区块链等新一代信息技术与农业生产经营深度融合，建设数字田园、数字灌区和智慧农（牧、渔）场，提高农业规模化、集约化、标准化和数字化水平，增强农业农村发展后劲；12月12日，国务院印发《"十四五"数字经济发展规划》，将发展智慧农业和智慧水利作为农业数字化转型提升工程的重点任务，要求创新发展智慧农业，提升农业生产、加工、销售、物流等各环节数字化水平。

近年来，政府持续推进智慧农业建设。一是不断完善农村网络基础设施，积极推进农村及偏远地区宽带网络覆盖，截至2021年8月，共支持全国13万个行政村光纤网络建设和6万个4G基站建设，实现全国行政村通光纤和通4G比例均超99%，贫困村通宽带比例达98%以上；二是搭建农业信息平台，农业农村部支持建设国家农业数据中心、国家农业科技数据分中心及32个省级农业数据中心，开通运行33个覆盖农业行业统计监测、监管评估、信息管理、预警防控等七类重要业务的行业应用系统，积极推进粮油棉等8大类农产品全产业链大数据试点，建立"一网打尽"式市场信息发布服务窗口，为公众提供及时准确的市场信息服务；三是推进数字农业试点，在5省市开展物联网区域试验，截至2021年8月，围绕重要农产品全产业链大数据和数字农业试点县等，中央财政累计安排资金26亿元，建设100个数字农业试点项目，示范带动了物联网、大数据、人工智能等新一代信息技术的应用，提升在线监测、精准作业、数字化管理等水平。此外，政府为促进各类"高精尖缺"人才投身生物育种、智慧农业等关键核心技术领域，作出全面部署，通过生物、信息、工程等现代科学技术改造提升传统农科专业，2021年新建农业智能装备工程、生物育种科学、智慧农业等新兴涉农专业布点135个；为着力提升农民技术技能水平和综合素质，2021年中央财政拨出23亿元支持高素质农民培育，高素质农民培育人数达71.7万人；为让科技成果更多地为智慧农业发展赋能，农业农村部推动建立专业性、产业性、区域性国家农业科技创新联盟（以下简称"联盟"），共评估认定 60 个联盟，其中有 22 个标杆联盟，并且 19 个联盟实现实体化运行，除此之外在全国布局建设了南京、太谷、成都、广州、武汉 5 个国家现代农业产业科技创新中心，加快推动关键技术集成、创新要素集聚。

（1）智能农机研发商

参照清科研究中心 PEDATA MAX 数据，智慧农业已披露获得投资金额 1.64 亿美元。本报告精选极目机器人、中科原动力和丰疆智能对智能农机研发商获得投资情况进行案例说明；精选极飞科技、滴翠智能和小蚁大象对智能农业大数据平台获得投资情况进行案例说明。

案例一：

2021 年 4 月，苏州极目机器人科技有限公司获得由中信农业产业基金管理有限公司、淡马锡控股（私人）有限公司、食芯（上海）信息科技咨询有限公司、苏州工业园区致道投资管理有限公司、深圳百果园实业（集团）股份有限公司、康地饲料（中国）有限公司、北京崇山股权投资管理有限责任公司、巴斯夫风险投资有限公司、苏州永鑫方舟股权投资管理合伙企业和苏州元禾控股有限公司联合投资的 1.21 亿元 C 轮融资（见表 5-14）。

表 5-14　极目机器人获得投资的情况

投资时间	投资方	被投公司	主营行业	投资金额（百万元）	持股比例（%）	投资轮次	投资阶段
2021 年 4 月	中信农业基金	极目机器人	农业、信息技术	23.33	—	C	成熟期
	淡马锡投资			23.33			
	食芯资本			23.33			
	致道资本			10.00			
	百果园			4.29			
	康地饲料			4.29			
	北京崇山			4.29			
	巴斯夫风投			4.29			
	永鑫方舟			4.29			
	元禾控股			19.56			

资料来源：PEDATA MAX，西部发展研究院整理，2022 年 7 月。

苏州极目机器人科技有限公司成立于 2016 年 6 月 3 日，是一家工农业无人机研发商，主要产品为植保无人机，其自主驾驶、机器视觉等技术在农业植保领域专用于工业级无人机，公司研发成果可应用于农业服务、电力巡检和轨道交通领域。

公司开发和拓展了应用于多个领域和场景的智能机器设备和软件，涉及农业、电力、艺术品鉴定、医疗和轨道交通等，其中农业场景的机械化、智能化是目前极目的主要发力方向。极目机器人凭借数年内在丘陵山地飞行的技术优势与深耕经济作物的全程解决方案的成果积累，成为我国农业机器人领域的头部代表。凭借领先的双目视觉与AI自主控制核心技术，极目机器人研发设计的植保无人机具备在复杂环境下轻松全自主飞行、精准智能爬升和绕障、无须测绘、圈地即飞和省时省工的差异化优势，可以实现农药喷洒、营养补充、作物授粉和种植监测等功能，目前已覆盖经济作物"40+"个品类。公司领先于其他同行的核心优势是人工智能算法，研发团队由世界著名自动控制专家领衔，目前拥有发明专利53项，实用新型专利60项，PCT（Patent Cooperation Treaty，专利合作协定）17项。同时，极目机器人独立研发了世界唯一投入商用的玉米去雄检测系统。

案例二：

2021年6月，北京中科原动力科技有限公司获得由祥恩股权投资管理（上海）有限公司、湖北省高新产业投资集团有限公司、中关村发展集团股份有限公司、吉林省中科创业投资管理有限公司和北京德联运通投资管理有限公司联合投资的4490万元A轮融资（见表5-15）。

表5-15　中科原动力获得投资的情况

投资时间	投资方	被投公司	主营行业	投资金额（百万元）	持股比例（%）	投资轮次	投资阶段
2021年6月	祥峰投资	中科原动力	农业、信息技术	30.00	—	A	成熟期、扩张期
	湖北高投集团			0.75			
	中关村发展集团						
	吉林中科创投			14.15			
	德联资本						

资料来源：PEDATA MAX，西部发展研究院整理，2022年7月。

北京中科原动力科技有限公司成立于2018年4月4日，是一家农机无人驾驶系统解决方案供应商，致力于用人工智能和自动驾驶技术为农机赋能，使其具备全昼夜无人化精准作业能力，提高农业生产效率。公司已拥有完整的自动驾驶技术体系，形成了基于农业耕种全流程的无人驾驶核心技术，通过数十项专利的申请，对农机无人驾驶技术进行了全方位的知识产权布局，已经成为国内农机无人作业面积最大、技术世界领先的农业无人驾驶公司，还荣获"国家高新技术企业""中关村金种子企业"称号参与研发的"蔬菜规模化生产人机智能协作技术"入选了农业农村部十大引领性技术。

中科原动力为客户提供一站式农田作业机器人产品和数字化农业服务解决方案，实现了商业化、规模化应用，产品已在北大荒、中粮以及多家千万级现代农机专业合作社使用，在实际生产中累计完成无人标准化作业数十万亩。公司团队研发的L4级北斗农机无人驾驶系统将传统拖拉机改装为完全无人驾驶，在北斗卫星组合导航的基础上，结合激光、视觉SLAM技术，可以使全流程无人作业更稳定、精准、高效；通过精准苗垄识别、作物杂草区分、障碍物检测与识别等技术，北斗农机可以大幅提高作业效率，保证作业安全；整套无人驾驶系统为自主研发，可实现完全国产化，在国内外农机智能化水平中处于领先的地位。

案例三：

2021年11月，丰疆智能科技股份有限公司获得由不公开投资者投资的4.47亿元B轮融资（见表5-16）。

表5-16　　　　　　丰疆智能获得投资的情况

投资时间	投资方	被投公司	主营行业	投资金额（百万元）	持股比例（%）	投资轮次	投资阶段
2021年11月	不公开的投资者	丰疆智能	农业、信息技术	447.00	—	B	—

资料来源：PEDATA MAX，西部发展研究院整理，2022年7月。

丰疆智能科技股份有限公司成立于2017年7月7日，是一家智能农业解决方案供应商，是一家聚焦人工智能、先进制造和新能源的全球化机器人公司，主要面向农业领域提供智能化和数字化解决方案，设有农业、畜牧、大数据和工业机器人等业务板块，致力于实现农林牧渔智能化、建筑施工智能化、工业自动化，为所服务领域提供全套无人及数字化解决方案。

丰疆智能致力于推动传统产业向数字化、智能化的升级，以最终实现效率的提升和降本增效。丰疆智能的农业机器人涉及"耕、种、管、收"4个环节，在江苏常州、溧阳等多个农业产业园部署覆盖耕种管收作业全流程的无人农机，并搭载疆驭农机自动驾驶系统，实现无人驾驶，自动精准作业，不仅减少人力投入，更提高至少5倍以上的效率。

（2）智慧农业大数据平台

案例四：

2021年3月，广州极飞科技股份有限公司获得由高瓴资本集团、JMD X HK Holdings Limited 和珠海盛飞科技投资合伙企业联合投资的3.75亿元C+轮融资（见表5-17）。

表5-17　　　　　　　　极飞科技获得投资的情况

投资时间	投资方	被投公司	主营行业	投资金额（百万元）	持股比例（%）	投资轮次	投资阶段
2021年3月	高瓴投资	极飞科技	农业、信息技术物联网	186.00	8.21	C+	扩张期
	JMD X HK Holdings Limited			124.00			
	珠海盛飞科技投资			64.71			

资料来源：PEDATA MAX，西部发展研究院整理，2022年7月。

广州极飞科技股份有限公司成立于2007年，是一家无人化农场软硬件一体解决方案提供商。公司以"提升全球农业生产效率"为使命，致力于用科技为农业赋能，将无人机、机器人、自动驾驶、人工智能、物联网等技术带进农业生产，以更高效的生产方式解决了当前很多地区面临的农业劳动力不足和老龄化的问题。

成立14年来，极飞科技自主研发并制造了农业无人机、农业无人车、农机自驾仪、遥感无人机、农业物联网、智慧农业系统六大智慧农业产品线。通过构建无人化的智慧农业生态系统，极飞科技为推动农业进入自动化、精准高效的4.0时代作出了重大贡献。公司研发投入的XSAS智慧农场系统，通过全程农事记录，能够实时监看选中地块的生产规划执行进度与结果；通过实时长势、生长环境数据的可视化,能够实时监控作物生长的关键指标;通过作物生长环境或生长状态的数据源,设置判断条件,发出控制指令,可以精准指导农事任务的执行。

案例五:

2021年3月,滴翠智能科技(上海)有限公司获得由湖州万漉鼎宸股权投资基金投资的1000万元Pre-A轮融资(见表5-18)。

表5-18　　　　　　　　　滴翠智能获得投资的情况

投资时间	投资方	被投公司	主营行业	投资金额（百万元）	持股比例（%）	投资轮次	投资阶段
2021年3月	湖州万漉鼎宸股权投资基金	滴翠智能	农业、信息技术	10.00	10	Pre-A	成熟期

资料来源:PEDATA MAX,西部发展研究院整理,2022年7月。

滴翠智能科技(上海)有限公司成立于2018年9月27日,是一家园林与农业养护智能化解决方案提供商,集农业数据采集、人工智能监测管理、远程设备控制为一体,主要进行农业数据采集,搭建农业应用场景的数据库,致力于数字乡村振兴的管理平台,为智慧乡村建设提供智慧园林、智慧大棚、智慧灌溉、智慧灯光、低功耗通信网关等农业大数据解决方案。

滴翠智能通过强大的后台数据库支持,建成国内首家叶面分析植物病虫害、长势、肥力识别AI模型,将识别结果再次结合传感器温湿度等数据二次AI计算,最终结果可指导电控设备执行解决问题。此外,滴翠智能通过大数据云计算平台形成人工智能种植决策系统,通过采集的植物的生长大数据与基础的植物数据库进行对比修正得出真正的种植需求,进而可以利用智能硬件和算法决策精准执行农业种植;通过海量的可溯源数据形成植物生长模型,进而可以对农户生产作业进行科学指导。

案例六:

2021年7月,小蚁大象南京数据科技有限公司获得由广州市原象私募基金管理有限公司投资的1300万元Pre-A轮融资(见表5-19)。

表 5–19　　　　　　　　　　小蚁大象获得投资的情况

投资时间	投资方	被投公司	主营行业	投资金额（百万元）	持股比例（％）	投资轮次	投资阶段
2021 年 7 月	原象基金	小蚁大象	农业、信息技术	13.00	—	Pre-A	成熟期

资料来源：PEDATA MAX，西部发展研究院整理，2022 年 7 月。

小蚁大象南京数据科技有限公司成立于 2018 年 6 月 29 日，是一家智慧农业大数据平台，专注于农业大数据领域，目前已和隆平高科展开合作，帮隆平高科实现数字化、农业服务的转型。公司致力于帮助农户降本增效，为农户提供产前定种决策、产中种植风险预测、产后订单回收的一体化综合农业服务产端体系。

小蚁大象以大数据和人工智能技术为抓手，将农业技术与 AI 算法再融合。通过 DAOS 农业云系统实现大田精准种植、精细化管理；通过畔云平台打通上下游产业链，直接为采购商 / 品牌商需求提供标准化产品，实现从田头到客户仓的一站式全闭环供应链服务，目前正在进一步打造基于畔云平台的一二三产业融合产业链生态。自成立以来，小蛟大象在突破数智化农场技术及完成标准供应链服务的基础上，已经实现了田园综合体农业托管、耕保管护、一二三产业融合产业园、农事社会化服务、供应链金融服务等标准化业务模式。

5.1.6　生物农业

生物农业是将先进的生物技术、生产工艺和农业相结合，从而利用生物技术手段改造和提升农业品种和农产品性能的一种现代新兴产业。生物农业通过基因工程、发酵工程、细胞工程、酶工程以及分子育种等生物技术，培育性状更优、产量更高的农业新品种，研制性能高效、安全的农业用品，进而能够有效地改进农业生产方式，提高农业生产效率，促进农业绿色发展。因此发展生物农业对我国农业产业结构升级、提高我国农业在国际上的竞争力都具有十分重要的意义。

近年来，为了促进传统农业向生物农业转化，国家出台了相关政策指导文件。2021 年 4 月 22 日，农业农村部办公厅、国家乡村振兴局综合司联合印发《社会资本投资农业农村指引（2021 年）》，指出在尊重科学、严格监管的基础上，鼓励社会资本积极参与生物育种产业化应用，建立现代种业体系。12 月 20 日，国家发展和改革委员会印发《"十四五"生物经济发展规划》，指出要充分发挥我国生物经济发展优势，推动生物技术赋能经济社会发展，加快构建现代生物产业体系，有序推进生物资源保护利用，着力做大做强生物经济，加强国家生物安全风险防控和治理体系建设，提高国家生物安全治理能力，切实筑牢国家生物安全屏障；文件还提出，要顺应"解决温饱"转向"营养多元"的新趋势，发展面向农业现代化的生物农业，满足人民群众对食品消费更高层次的新期待，着眼保障粮食等重要农产品生产供给，适应日益多元的营养健康食物等消费需求，重点围绕生物育种、生物肥料、生物饲料、生物农药等方向，推出一批新一代农业生物产品，建立生物农业示范推广体系，完善种质资源保护、开发和利用产业体系，更好保障国家粮食安全、满足居民消费升级和支撑农业可持续发展，构建更加完善的全链条食品安全监管制度，确保人民群众"舌尖上的安全"。

我国高度重视生物农业的发展。国家知识产权局知识产权发展研究中心2021年发布的《生物育种产业专利导航研究成果》显示，目前我国生物育种专利申请量排名全球第一，其中分子标记育种专利申请量排名已超过美国，成为申请量最多的国家；发现一种名为CRISPRoff的升级版表观遗传编辑系统被报道可以在不改变DNA序列的情况下，以高特异性甲基化导致目标基因沉默，可用于作物育种和植物保护；2016—2019年我国生物科技市场规模由8585亿元增至12716亿元，年均复合增长率为10.32%。中商产业研究院认为2021年我国生物科技市场规模约为15598亿元。此外，国家"十四五"生物经济发展规划指出，到2025年，我国生物经济总量规模将迈上新台阶，有望达22万亿元，年营业收入百亿元以上企业数量将显著增加。

参照清科研究中心PEDATA MAX数据，生物农业已披露获得投资金额1.13亿美元。本报告精选弈柯莱生物、康普森农牧和瀚辰光翼进行案例说明。

案例一：

2021年5月，弈柯莱生物科技（上海）股份有限公司获得由淡马锡控股（私人）有限公司和招银国际资本管理（深圳）有限公司联合投资的3.00亿元C轮融资（见表5-20）。

表 5-20　　　　　　　　　　弈柯莱生物获得投资的情况

投资时间	投资方	被投公司	主营行业	投资金额（百万元）	持股比例（%）	投资轮次	投资阶段
2021年5月	淡马锡投资	弈柯莱生物	农业、生物技术	206.00	—	C	扩张期、成熟期、初创期
	招银国际资本			9400			

资料来源：PEDATA MAX，西部发展研究院整理，2022年7月。

弈柯莱生物科技（上海）股份有限公司成立于2015年4月17日，是一家拥有先进合成生物学技术的生物智造企业，主要从事合成生物学方法的研发，并致力于将其应用于规模化生产。目前弈柯莱生物已经建立了规模庞大的生物资源工程库平台，在生物合成、高性能细胞工厂设计创制以及产品规模化生产上积累了丰富经验，申请发明专利多达100件以上，已获得授权的发明专利38件。

弈柯莱生物已经成功将合成生物学技术广泛应用于医药、农业、食品等领域。为了给全球农业种植提供更加绿色安全、有竞争力的产品，顺应全球"碳中和"趋势，弈柯莱生物与江苏七洲绿色化工合作，将绿色制造的理念融入新型手性农药开发，为高效低风险农药开发和减量施用农药提供了新途径，利用合成生物学技术有力推动了除草剂行业的突破性发展。未来，弈柯莱会将生物技术投放到更多的产品市场当中，助力全球农业的绿色发展，为人类环境保护作出贡献。

案例二：

2021年8月，北京燕园动力资本管理有限公司投资新疆康普森农牧科技有限公司1.00亿元（见表5-21）。

表 5-21　　　　　　　　　　康普森农牧获得投资的情况

投资时间	投资方	被投公司	主营行业	投资金额（百万元）	持股比例（%）	投资轮次	投资阶段
2021年8月	燕园资本	康普森农牧	农业	100.00	37.50	战略投资	初创期、扩张期

资料来源：PEDATA MAX，西部发展研究院整理，2022年7月。

新疆康普森农牧科技有限公司成立于2021年1月5日，是北京康普森生物技术有限公司孵化的一个生物育种项目，致力于开发符合我国农业产业结构和地方优质品种的系列基因组商业化产品，满足动植物品种鉴定、良种选育、性状筛选等需求，将基因组技术从科研落地到农业生产中，实现中国农业与发达国家接轨，真正做到中国农业的高效发展。

北京康普森生物技术有限公司是国内领先的分子育种服务商，致力于通过设计和提供高通量基因芯片产品，完善国内群体遗传改良技术体系。公司陆续推出了高通量基因芯片产品以及低通量基因芯片产品，分别用于农作物基因组学研究、商业育种筛选及品质鉴定等领域，以推动从传统的经验育种到分子精准育种、从低通量的分子标记辅助育种到高通量的全基因组选择育种的技术进步；此外公司将数据科学＋基因组学等技术相结合，相继推出（中芯一号）猪育种芯片、（京芯/凤芯一号）鸡育种芯片等多款行业重磅产品；又于2018年上线基因组数据平台Daxiang Breeding OS，完善了整个育种流程的数据闭环；2021年康普森生物育种加速器（Breeding Accelerator）正式运营，康普森农牧主要承担对科研产出的成果进行中试到规模产业化之前的验证与系统优化工作，进一步深入产业端，将技术转化为可持续、可消费的产品。

案例三：

2021年9月，成都瀚辰光翼科技有限责任公司获得由北京允治投资管理有限公司、洲岭私募基金管理（上海）有限公司、香港健尊有限公司（Healthy Pride）、上海复拓生物科技发展有限公司、北极光创投、上海骑纪投资中心（有限合伙）管理的博远资本、创新工场和君联资本管理股份有限公司联合投资的2.00亿元B轮融资（见表5-22）。

表5-22　　　　　　　　　瀚辰光翼获得投资的情况

投资时间	投资方	被投公司	主营行业	投资金额（百万元）	持股比例（％）	投资轮次	投资阶段
2021年9月	允治资本	瀚辰光翼	农业、医疗健康	15.09	—	B	成熟期
	洲岭资本			15.09			
	Healthy Pride			15.09			
	复拓生物			15.09			
	北极光创投						
	博远资本			139.64			
	创新工场						
	君联资本						

资料来源：PEDATA MAX，西部发展研究院整理，2022年7月。

成都瀚辰光翼科技有限责任公司成立于 2015 年 12 月 10 日，是一家基因自动检测设备及试剂研发商，以"智造中国基因检测平台，服务中国基因检测事业，跻身全球基因检测市场"为企业使命，专注于临床分子诊断、健康基因检测、农业分子育种等领域。

瀚辰光翼组建了一支由领域知名专家、教授、海归博士组成的国际一流研发团队，立足技术创新，扎根一线需求，致力于打造自主创新、自主产权的基因检测仪器、试剂、软件全套生态系统，提供高通量、高度自动化、高性价比的基因检测解决方案，满足中国乃至全球客户在临床分子诊断、健康基因检测、农业分子育种等领域内的应用需求。目前瀚辰光翼已在国内成功推出多款设备，助力我国分子检测事业快速发展。

5.2 投资行为分析

5.2.1 投资机构农业投资行为总览

中央"一号文件"立足"三农"新形势，实现巩固拓展脱贫攻坚成果同乡村振兴有效衔接，把全面推进乡村振兴和加快农业农村现代化发展作为迈向"十四五"规划开局之年的农业农村工作主线。要坚持农业现代化与农村现代化发展并行，坚持创新驱动发展，以推动高质量发展为主题，统筹发展和安全，落实加快构建新发展格局要求，巩固和完善农村基本经营制度，深入推进农业供给侧结构性改革，大力实施乡村建设行动，全面推进乡村多元化振兴，充分发挥农业功能，走中国特色社会主义乡村振兴道路，加快农业农村现代化，加快形成新型工农城乡关系，促进农业高质高效、乡村宜居宜业、农民富裕富足。

清科研究中心 PEDATA MAX 数据显示，2021 年，在农业行业 VC/PE 融资方面，农业领域披露投资规模达到 20.20 亿美元，投资规模达到 3000 万美元以上的农业龙头企业有 55 家，超过 1 亿美元的超大型投资行为有 4 起。从具体案例看，2021 年国内农业行业 VC/PE 融资规模最大的交易为启承资本、策然投资管理、红杉中国、CMC 资本、云锋聚媒联合投资的辽宁省农产品及食品加工相关企业——十月稻田农业科技有限公司，注资规模为 2.25 亿美元，占股 13.41%。第二是普洛斯、财信产业基金、自明资本、葆润控股集团、美团、CPE 源峰联合投资广东省农业电商相关企业——望家欢农产品集团有限公司 1.82 亿美元。排名第三的是由安大略省教师退休金计划、ABC World Asia 联合投资的北京市农林牧渔服务业相关企业——中和农信项目管理有限公司，融资规模 1.48 亿美元。

在农业领域总投资方面，清科研究中心 PEDATA MAX 数据显示，2021 年，农业领域披露投资规模达到 102.6 亿美元，较上年上升 33.56%。投资规模达到 3000 万美元以上的农业龙头企业有 102 家，超过 1 亿美元的超大型投资行为有 18 起。此外，2021 年农业领域 A 轮投资总额达 7.33 亿美元，B 轮投资总额达 4.95 亿美元。

无锡市建设发展投资有限公司投资康欣新材料股份有限公司 1.29 亿美元，是 2021 年林业领域最大投资。康欣新材是一家集育苗、造林、木材深加工为一体的国家林业产业化重点龙头企业，主营业务包括集装箱底板、建筑结构材、木结构房屋的研发、设计与生产，该企业拥有船级社认证、森林认证和相关体系认证，与全球多家企业合作，营销系统网络遍布较为广泛，是一家具有代表性的林业企业。福建天马投资发展有限公司、厦门夏商投资有限公司、博芮东方价值 6 号私募证券投资基金等联合投资福建天马科技集团股份有限公司 0.84 亿美元，是 2021 年渔业领域最大投资。天马科技是一家水产饲料生产商，主要从事种苗料及石斑鱼、鲟鱼、鲑鳟、鲆鲽鳎等特种水产动物配合饲料的研发、生产和销售，业务涉及特种水产饲料、生物工程、国际贸易等领域。瑞士银行集团、诺德基金管理有限公司和梦工场建辉精诚私募证券投资基金等联合投资安徽荃银高科种业股份有限公司 0.82 亿美元，是 2021 年种业领域最大投资。安徽荃银高科种业股份有限公司是集农作物种子科研、生产、加工、国内外营销等业务于一体的综合性农业高科技股份制企业，以经营杂交水稻、油菜、棉花、各类瓜菜等农作物种子为主导产品，是农业产业化国家重点龙头企业、国家高新技术企业、农业部首批农作物种子育繁推一体化企业和中国种业信用明星企业，拥有自主权杂交水稻新品种 10 多个，公司拥有完善的种子质量控制体系，健全的市场网络营销体系助力了公司的发展。

此外，值得关注的案例还有：2021年3月10日，JMD X HK Holdings Limited、珠海盛飞科技投资合伙企业（有限合伙）、珠海纳恒股权投资合伙企业（有限合伙）联合投资广州极飞科技股份有限公司5555.56万美元；2021年6月18日，北京中关村发展启航创新投资基金（有限合伙）、祥恩股权投资管理（上海）有限公司、湖北富邦高投创业投资基金合伙企业（有限合伙）、吉林中科科技成果转化创业投资合伙企业（有限合伙）、北京德联运通投资管理有限公司联合投资北京中科原动力科技有限公司665.16万美元；2021年8月23日，深圳市华粤创展实业有限公司、不公开的投资者联合投资深圳时代农信科技有限公司148.15万美元等。

2021年农业领域VC/PE融资案例中，以下企业曾在2020年内完成过融资，分别是慕恩生物、江平生物、瑞德林生物、丰疆智能、博瑞迪、禾元生物、中科奥洛、瀚辰光翼、晋龙养殖、云洋数据、恩和生物、近岸股份、中科原动力、十月稻田、睿畜电子、弈柯莱生物、懒龙龙、中延菌菇、冻师傅、黄天鹅、恒鲁生物、极飞科技、望家欢、丰码科技、渤海水产和上海食未生物科技有限公司等。其中，丰疆智能科技股份有限公司在2019年1月17日获得领道资本、深圳深大龙岗创投、汉江控股、新华保险和东风汽车共计数亿人民币天使轮投资；2020年5月6日获得大湾区共同家园发展基金A轮投资共计1亿人民币；2020年12月15日获得金辉金融集团（Golden Shine Financial Group）、伟润投资、大湾区战略投资、深圳博胜兴农业发展、利鹏行企业、深创投和腾讯投资A+轮投资共计数亿人民币；2021年11月29日获得不公开投资者B轮投资7000万美元。凤集食品集团有限公司在2019年1月6日获得璞瑞基金天使轮投资；2020年7月6日，获得中融金汇和璞瑞基金的A轮投资共计数亿人民币；2021年3月24日，获得建发新兴投资的B轮投资1亿人民币。慕恩（广州）生物科技有限公司在2018年6月1日获得智朗投资、弘晖基金和越秀产业基金共计5400万人民币Pre-A轮投；2018年11月23日，获得粤科金融A轮投资；2020年2月17日，获得越秀产业基金数千万人民币B轮投资；2021年6月16日获得慕恩（广州）投资、红杉中国和湖南高新投管共计数亿人民币B+轮投资；2021年12月21日，获得华景信泉、康源汇盈投资、隆门资本、天士力资本和国投创业老股权转让轮投资。

5.2.2 投资机构农业投资行为变化趋势

参照清科研究中心 PEDATA MAX 农业投融资相关数据，从 2021 年中国农业领域股权融资金额前十的投资案例中可以看出（见表 5-23），10 起投资案例中，农产品及食品加工业投资案例所占比重最大，高达 5 起，畜牧业 4 起，农业电商 1 起。传统农业领域农业公司仍备受投资企业关注：农产品及食品加工业企业凭借其高附加值等优势备受资本青睐，不论是从投资数量还是投资金额方面都位列第一，在畜产品消费量与消费结构多元化发展的拉动下，畜牧业企业发展较好。近年来，农业不断向新兴领域多元化拓展，在市场发展需求的推动下，"互联网+"现代农业企业发展势头强劲，成为 2021 年中国农业领域投融资金额前十之一。

表 5-23 2021 年中国农业领域投融资金额前十事件

排名	融资主体	所属行业	融资时间	融资金额	投资方
1	伊利股份	农产品及食品加工业	2021年12月	17.85亿美元	摩根大通银行（中国）、天津礼仁投资管理、红塔证券、四川发展证券基金、招商证券、高盛、瑞银、平安养老保险股份有限公司-传统-普通保险产品、高毅资产、安徽铁投、平安养老保险股份有限公司-万能-团险万能、巴克莱银行、汇丰银行、君和资本、高瓴投资、中泰证券、新加坡安联环球投资、诺德基金、易方达基金、个人投资者
2	正邦科技	畜牧业	2021年2月	11.11亿美元	邦友投资、正邦集团、永联农业、邦鼎投资
3	涪陵榨菜	农产品及食品加工业	2021年5月	4.89亿美元	富国基金、高盛、景林资产、诺德基金、汇添富、华夏基金、建信养老养颐嘉富股票型养老金产品、交银施罗德基金、易方达基金、景顺长城基金管理、广发基金、中国人寿保险股份有限公司-传统-普通保险、中信证券、长江金色晚晴（集合型）企业年金计划、中金期货、中信创业投资、安信证券、国投创益
4	天康生物	畜牧业	2021年12月	3.06亿美元	嘉实基金、诺德基金、中国银河、JPMorgan Chase Bank、南方基金、鹏华基金、广发基金、华夏基金、金投资管、国泰君安证券、财通基金、个人投资者

续表

排名	融资主体	所属行业	融资时间	融资金额	投资方
5	光明乳业	农产品及食品加工业	2021年12月	2.86亿美元	源山冷链物流、诺德基金、国联安基金、华夏基金、农垦投资、JPMorgan Chase Bank、汇安基金、光明食品、君和资本、海南农垦、华泰证券、华弘投资、国信证券、浙商证券、南京新港美达创投、山东惠瀚、个人投资者
6	唐人神	畜牧业	2021年3月	2.30亿美元	国泰君安证券、中证资本、广恒顺投资、西部证券、太平洋资产管理有限责任公司–中国太平洋人寿保险股份有限公司–分红–个人分红、湘投高创投、广发基金、华安资产、轻盐创投、广东弘图广电、玄元投资、财通基金、株洲国有资产投资、九泰基金、深圳德威资本、恒泰融安、时代复兴、温氏投资、个人投资者
7	十月稻田	农产品及食品加工业	2021年5月	2.25亿美元	启承资本、策然投资管理、红杉中国、CMC资本、云锋聚媒
8	望家欢	农业电商	2021年2月	1.82亿美元	普洛斯、财信产业基金、自明资本、葆润控股集团、美团、CPE源峰
9	大康农业	农产品及食品加工业	2021年1月	1.53亿美元	大步牛投资
10	新五丰	畜牧业	2021年11月	1.53亿美元	湖南粮油集团、湖南建工集团、湖南现代农业集团、兴湘集团

资料来源：PEDATA MAX，西部发展研究院整理，2022年7月。

6

投资案例分析

6.1 世界农业巨头投资经验

6.1.1 世界农业巨头发展集锦

（1）约翰迪尔公司

约翰迪尔（John Deere）创立于1837年，是世界最大的农业机械制造商和世界第二大工程机械制造商，位居世界五百强前列。公司总部位于美国伊利诺依州莫林市，在11个国家设有工业基地，全球雇员达43000人，产品行销160多个国家和地区。其业务主要分为三个部分：农业与草坪设备、建筑与林业设备以及信贷。这些业务部门、零件和动力系统等支持部门，在帮助用户改善全球生活质量的同时，致力于帮助用户提高工作效率。

长期以来，约翰迪尔发展战略一直很保守，内涵式发展、合资是其主要的方式。从2015年开始约翰迪尔一改常态，在欧美区域开展了一系列大手笔的收购。2015年11月，分别收购播种机企业满胜（Monosem）和美国精密种植公司（Precision Planting）；2016年，收购高地隙喷药机企业海吉，到2017年6月分别收购了工程机械企业维特根（Wirtgen）以及喷药机企业马佐蒂（Mazzotti）。短短两年时间，约翰迪尔一改以往合资的内涵式发展方式，连续开启了5个大手笔收购案。2020年9月，约翰迪尔宣布完成对巴西甘蔗收割机售后服务配件业务的领先企业Unimil的收购。

2021年8月5日，约翰迪尔宣布以2.5亿美元的价格收购硅谷初创公司Bear Flag Robotics。Bear Flag Robotics成立于2017年，是一家研发全自动拖拉机的初创公司，专注于自主农业重型机械。Bear Flag Robotics对普通拖拉机进行改装，配备了传感器、控制系统、计算机和通信系统，以实现自动操作，可以让一名农民远程监督一组自动耕地的机器人拖拉机。对于约翰迪尔来说，Bear Falg Robotics 并不是唯一一项自动化农场方面的收购。早在 2017 年，约翰迪尔就以 3.05 亿美元的价格收购了蓝河科技，后者是一家人工智能农业设备的开发商。约翰迪尔超过 70% 的收入来源都来自于其销售的拖拉机及相配套设备，而对于该公司收购的两家自动化农业公司来说，其销售收入绝大多数则来自于产品和服务费用，设备费用则较低。

2021 年 10 月 28 日，约翰迪尔宣布对 ClearFlame Engine Technologies 进行了股权投资。ClearFlame Engine Technologies 是一家致力于开发清洁发动机技术的成长型初创公司。ClearFlame 的解决方案使乙醇等低碳燃料能够轻松集成到压缩点火发动机中，从而在不影响发动机性能的情况下提供更具可持续性的方案。

2021 年 12 月 14 日，约翰迪尔宣布收购位于奥地利的电池技术提供商克瑞塞尔电力（Kreisel Electric）的多数股权。Kreisel Electric 由约翰（Johann）、马库斯（Markus）和菲利普·克瑞塞尔（Philipp Kreisel）兄弟创立，拥有大约 160 名全职员工，主营业务为开发高密度、高耐用性的电池模块和电池组，并利用专利电池技术开发了充电基础设施平台 CHIMERO。自 2014 年以来，Kreisel 一直是领先的创新者，专注于开发用于高性能和非公路应用的浸入式冷却电池模块和电池组。Kreisel 拥有差异化的电池技术和电池缓冲充电基础设施产品，目前为多个终端市场的全球客户群提供服务，包括商用车、非公路车辆、船舶、电子赛车和其他高性能应用。

（2）阿奇尔·丹尼斯·米德兰（Archer-Daniels-Midland，简称 ADM）

ADM 于 1902 年成立，公司两位创始人分别是阿奇尔（George A.Archer）和丹尼斯（John W.Daniels），早期的主业主要是从事亚麻籽的粉碎工作。1923 年，阿奇尔·丹尼斯公司收购了米德兰公司（Midland Linseed Products Company），ADM 公司成型。1924 年在纽约证券交易所上市之后，ADM 成功将自己的业务从亚麻籽油的加工贸易延伸到其他的农作物品种，包括谷物加工、大豆压榨、面粉工厂等业务。20 世纪 60 年代，公司将总部迁往芝加哥，伴随着美国战后国际影响力的提升，将业务进一步延伸到国际及相关的物流领域，从货运到船运，墨西哥到欧洲。产品线也从食品原料加工逐步扩展到健康与保健、动物食品、工业原料等。与此同时，借助产业平台，公司采用自主研发与风险投资的方式，在这个传统产业中可以创新的领域不断的发展。2009年在美国百年不遇的金融危机的大背景下，ADM在中国建立第一家独资的食品加工企业。经过一系列的并购与重组，公司发展成为遍布200多个国家的全球农业巨头。

作为全球最大的农业加工公司以及人、畜营养品领域的龙头公司之一，ADM公司主要的业务板块分为三大块：第一，农业服务和油籽业务（Ag Services and Oilseeds）；第二，碳水化合物业务（Carbohydrate）；第三，营养品以及其他业务相关板块（Nutrition）。农业服务和油籽业务包括与农业原材料的采购、销售、运输和储存以及大豆，棉籽、葵花籽、油菜籽等油籽的压榨和深加工相关的全球活动。碳水化合物业务主要包括将玉米、小麦转化为食品与饮料行业使用的基础原材料，包括甜味剂、糖浆、葡萄糖、小麦粉以及淀粉等基础原料产品，这块业务是公司重要的利润来源，大约占公司利润的1/4。营养品主要面向各类终端市场，主要产品包括植物蛋白、天然香料、香料系统、天然色素、乳化剂、可溶性纤维、多元醇、亲水胶体、益生菌、益生元、酶、植物提取物和其他特殊食品及饲料成分。

ADM营养事业部是2018年正式成立的，包括人类、动物、健康三大板块。从产品线的衍化进行布局，21世纪以来ADM加快了在健康产业方面的投资，先后收购了很多不同的业务单元。2014年，ADM收购天然香精香料和色素公司威尔德，搭建了风味解决方案的平台；2017年，收购西班牙公司BIOPOlis，在益生菌的基因测序、遴选、分离、扩培、商品化等领域跃居世界领先水平。

2018年6月9日，ADM收购英国公司益生国际有限公司（Probiotics International Limited，简称PIL），全现金交易价值达1.85亿英镑。PIL总部位于英国萨默塞特郡，以其品牌Protexin而闻名，采用不同健康功能的原料将益生菌的特性进行组合，是为人类健康和动物市场（包括水产养殖、马、牲畜和伴侣动物）提供益生菌补充剂的领先供应商。PIL的产品销往60多个国家，生产广受欢迎的Bio-Kult品牌益生菌补充剂以及合作制造的产品。这笔收购也是ADM将视野从工业端（2B）向零售端（2C）转移的标志。

2021年11月19日，ADM收购美国公司迪尔兰德（Deerland）。Deerland成立于1990年，是一家专注于生产益生菌、益生元和酶制剂产品的公司，旗下拥有12个产品线，涵盖从消化健康、免疫健康、女性健康到运动营养、心血管健康等诸多应用场景,并为下游膳食补充剂和食品饮料客户提供多种产品与服务。Deerland公司总部位于美国乔治亚州,下辖5家生产基地、1家发酵工厂、8个研发中心和1个全球质量控制实验室。Deerland公司于2019年收购了丹麦益生菌企业毕芙丹(Bifodan),得以进入欧洲益生菌市场。

（3）阿宝集团

阿宝集团公司（Albaugh）是美国最大的非专利农化品生产商之一,由丹尼斯·阿宝（Dennis Albaugh）于1979年创立,总部位于爱荷华州的安科尼。1997年,公司收购阿根廷生产商Atanor,开启全球业务。除草剂草甘膦专利到期后,Albaugh继续扩张,通过收购,在墨西哥、巴西、加拿大和欧洲开展业务。公司主要生产除草剂、杀菌剂、植物生长素以及杀虫剂,核心产品包括适合转基因作物使用的除草剂草甘膦、2,4-D、麦草畏、阿特拉津等。

2020年12月23日,阿宝集团公司从Excelsior Equity收购Prime Source的资产,将最先进的制造与草坪和装饰业务的精英客户服务相结合。Prime Source主要关注草坪和观赏植物市场,这笔收购可以扩大阿宝集团在T&O市场的影响力,专注于提高盈利能力、灵活性和更方便的定制产品。

2021年12月21日,阿宝集团公司与总部位于中国香港并在台湾证券交易所上市的龙灯控股公司（Rotam）宣布双方已达成一项协议。根据该协议,阿宝集团公司将通过与龙灯控股公司的合并,收购龙灯控股公司所有流通股。双方已同意以每股新台币26.23元的全现金交易,收购龙灯控股公司的所有已发行和流通股份,按当前汇率扣除现金和债务总对价约为1.975亿美元,较过去12个月龙灯控股公司的平均收盘价溢价73%。这笔交易使阿宝集团成为销售额超20亿美元的全球性公司,标志着公司直接进军中国市场,同时也意味着公司真正拥有全球业务,在中国/亚太地区设有运营机构;在美洲、欧洲、中东和非洲开拓新市场;并在美国、阿根廷、巴西和墨西哥等阿宝集团现有的优势市场中占据更有利的地位。

龙灯控股公司的业务面向全球,为所有主要市场和作物的种植者提供适合本土的创新作物保护解决方案。公司在中国大陆和印度拥有先进的研发设施,并在主要市场建立了完善的田间试验站点网络,业务范围覆盖中国大陆,以及巴西、拉丁美洲、印度、欧洲等国家和地区。

6.1.2 2021年世界典型农业产业投资案例

案例一：

投资时间	投资方	被投公司	二级行业	运营主体所在地	投资轮次	投资金额（百万元）
2021年6月	ABC World Asiar	中和农信	农业金融	北京	D	300.00

资料来源：PEDATA MAX，西部发展研究院整理，2022年7月。

2021年6月18日，ABC世界亚洲基金公司（ABC World Asia）投资中和农信项目管理有限公司3亿元。

ABC World Asia总部位于新加坡，是一家致力于影响力投资的私募股权基金。其投资目标为那些专注于带来可观、积极的社会或环境影响，同时有能力交付颇具吸引力的风险调整后回报的企业。公司由淡马锡信托基金(Temasek Trust)创建，后者是新加坡投资公司"淡马锡"的慈善机构。该基金的投资策略对标的是淡马锡的ABC框架，即活跃经济、美好社会和清洁地球(Active Economy, a Beautiful Society and a Clean Earth)，该框架取自17个联合国可持续发展目标理念。公司专注的主题包括：金融与数字包容性、更好的健康和教育、气候和水解决方案、可持续发展的食品和农业，以及智能宜居城市。

中和农信是一家专注于农村中低收入群体小额信贷的社会企业，成立于1996年，前身是中国扶贫基金会小额信贷项目部，于2008年转制成公司化运作。中和农信旨在通过无需抵押、上门服务的小额信贷方式支持贫困地区中低收入家庭开展创收性活动，同时还提供多种形式的非金融服务，全面提升客户的综合能力，从而实现可持续脱贫致富。

案例二：

投资时间	投资方	被投公司	二级行业	运营主体所在地	投资轮次	投资金额（百万元）
2021年9月	康地谷物公司	粮巴巴	农业/电子商务	上海	A	5.00

资料来源：PEDATA MAX，西部发展研究院整理，2022年7月。

2021年9月10日，康地谷物公司（Continental Grain Company）投资上海粮巴巴

电商平台500万元。

康地谷物公司于1813年在比利时阿尔隆市成立，拥有超过二百年历史，成立初期以谷物贸易为主要业务，现时已发展为世界最大的私人企业之一，专注于食品和农业领域的全球性投资和运营。康地谷物公司直接持有美国第五大家禽一条龙公司韦恩农场有限责任公司（Wayne Farms LLC）的股份，也是全球最大的猪肉制品及加工公司史密斯菲尔德农场公司（Smithfield Farms，Inc）的大股东。康地谷物公司在其他国家也有附属公司和投资项目，助力从创业阶段到稳定发展阶段的各类先进企业创造长期价值，在食品和农业上下游领域发掘业内领先的公司。

粮巴巴是国内首个大宗农产品交易一站式电商平台，隶属于上海慧耀信息科技有限公司，于2019年5月份正式上线运营。截至2021年8月，粮巴巴注册用户超4000家，在线交易额突破50亿元。作为线上B2B农牧产品交易平台，粮巴巴业务涉及大宗交易平台、养殖商城、供应链金融、资讯服务四大模块，贯通行业信息流、物流、资金流，致力于使大宗农产品贸易更简单、更安全。

案例三：

投资时间	投资方	被投公司	二级行业	运营主体所在地	投资轮次	投资金额（百万元）
2021年12月	摩根大通集团	天康生物	畜牧业	新疆	上市定增	72.80

资料来源：PEDATA MAX，西部发展研究院整理，2022年7月。

2021年12月24日，摩根大通集团（JPMorgan Chase Bank，National Association）投资新疆天康生物股份有限公司7280万元。

摩根大通集团，中国人习惯称之为"摩根银行"（Mogen Bank），总部位于美国纽约，是一家跨国金融服务机构及美国最大的银行之一，业务遍及60多个国家，包括投资银行、金融交易处理、投资管理、商业金融服务以及个人银行业务等。总资产2.5万亿美元，总存款1.5万亿美元，占美国存款总额的25%，分行6000多家，于2000年由大通曼哈顿银行及J.P.摩根公司合并而成，并收购了芝加哥第一银行、贝尔斯登银行和华盛顿互惠银行。

天康生物股份有限公司成立于2000年，是一家集动保、饲料、生猪养殖、农产品加工与贸易以及金融服务为一体的国家农业产业化龙头企业和国家高新技术企业。公司以成为中国一流健康养殖服务商和安全食品供应商为目标，实现了现代畜牧业畜禽良种繁育饲料与饲养管理、动物药品及疫病防治、畜产品加工销售4个关键环节的完整闭合，形成动物疫苗、饲料及饲用植物蛋白、种猪繁育、生猪养殖、屠宰加工及肉制品销售的全产业链架构。

6.2　2021年中国农业产业案例分享

6.2.1　VC/PE 投资案例

案例一：

投资时间	投资方	被投公司	二级行业	运营主体所在地	投资轮次	投资阶段	投资金额（百万元）	持股比例（％）
2021年2月	关天资本	咸阳三精	农业建材	陕西	A+	成熟期	5.00	3.03

资料来源：PEDATA MAX，西部发展研究院整理，2022年7月。

2021年2月1日，杨凌农科股权投资基金有限合伙企业（关天资本）投资咸阳三精科技股份有限公司500万元。

杨凌农科股权投资基金有限合伙企业由杨凌农科融资担保有限公司以及陕西关天资本管理有限公司共同出资组建，基金规模30100万元，是杨凌示范区首支政府性引导基金（母基金）。该基金将充分发挥示范区财政资金的引导作用，撬动省、市引导基金及社会资本投资示范区内优质企业，支持高新技术产业、战略新兴产业和良好成长性企业尽快做大做强，有效推动杨凌示范区经济高质量发展，实现示范区产业的优秀企业向资本市场积极迈进。

咸阳三精科技股份有限公司创建于1986年，是专业生产特种工业胶辊、橡胶助剂等产品研究开发及工业化生产的高科技民营企业，下辖三个分厂一个研究所，即精密橡胶制品厂、精工胶辊制品厂、精细化工厂和特种橡胶制品研究所。公司初期产品以橡胶助剂及橡胶密封件为主，在国内各橡胶及煤机制造业享有口碑，有很高的市场占有率。1990年公司开始涉足特种工业胶辊的研究与开发，依靠多年从事特种橡胶材料研究经验，现成为国内专业从事特种工业胶辊制造的企业之一。公司具有较强的科研制造能力、健全的质量保证体系和标准化管理系统，在特种橡胶材料开发、生产工艺及产品结构等方面的研究均居国内领先地位。在精密制品、精细化工及特种工业胶辊的研制方面，具有较强优势。

案例二：

投资时间	投资方	被投公司	二级行业	运营主体所在地	投资轮次	投资阶段	投资金额（百万元）	持股比例（％）
2021年1月	通威股份	渤海水产	渔业	山东	新三板定增	扩张期	100.00	9.10

资料来源：PEDATA MAX，西部发展研究院整理，2022年7月。

2021年1月20日，通威股份有限公司投资渤海水产股份有限公司1亿元。

渤海水产股份有限公司位于中国山东省滨州市，成立于2013年3月28日，是汇泰集团的控股子公司，下辖汇泰渤海水产有限责任公司、渤海水产（滨州）有限公司、山东汇泰饲料有限公司、渤海水产育苗（山东）有限公司、海南广顺泰普海洋育种有限公司、渤海水产（青岛）有限公司六个子公司；主要从事南美白对虾及海参的海水养殖、水生植物养殖、对虾苗种繁育、饲料生产及冷藏加工业务；产品涉及鲜活对虾、虾苗、对虾冻品、配合饲料以及螺旋藻等多种海产品，是鲁北地区规模化的水产品生产企业。公司拥有养殖区总面积近30万亩，其中南美白对虾养殖区22万亩，海洋牧场5万亩，其他海产品养殖区3万亩，横跨滨州北海、滨州沾化、东营河口三个行政区域，年养殖、捕捞对虾、海参、藻类等各种海产品13000吨，深加工产品5000吨。公司通过品牌化管理，在市场打造了"脊岭岛"对虾品牌，获得有机产品认证、HACCP体系认证以及CQC食品安全管理体系认证等多种资质，产品出口日本。公司于2017年4月份进行了股份制改革，并于当年9月份在"新三板"成功上市，成为滨州市首家登陆资本市场的渔业企业。

案例三：

投资时间	投资方	被投公司	二级行业	运营主体所在地	投资轮次	投资阶段	投资金额（百万元）	持股比例（%）
2021年11月	现代农业集团 粮油集团 兴湘集团 湖南建工集团	新五丰	畜牧业	湖南	上市定增	成熟期	1030.00	18.93

资料来源：PEDATA MAX，西部发展研究院整理，2022年7月。

2021年11月5日，湖南省现代农业产业控股集团有限公司、湖南省粮油食品进出口集团有限公司、湖南兴湘投资控股集团有限公司、湖南建工集团有限公司投资湖南新五丰股份有限公司10.3亿元。

湖南新五丰股份有限公司于2001年成立，是湖南省现代农业产业控股集团有限公司控股的国内较早以生猪养殖出口为主业的外向型上市公司，2004年6月9日公司股票在上海证券交易所挂牌上市（证券代码600975）。新五丰作为湖南省人民政府国有资产监督管理委员会下辖的国有控股上市公司，系农业产业化国家重点龙头企业、国家高新技术企业、湖南农业优势特色产业30强企业、湖南省肉类协会执行会长单位、湖南省生猪产业协会会长单位，致力于建设"安全、营养、高效、优质、智能、低耗、绿色和生态"的生猪产业体系。公司以生猪养殖为基础，建立了集原料加工、饲料仓储、种猪繁育、商品猪饲养、生猪屠宰及肉品加工、生猪交易于一体的生猪全产业链布局，通过构建高效的整体运营体系，实现了对产业链中各环节产品质量的控制、产品结构的优化，使公司拥有生猪、鲜肉、冻肉等生猪产业链上的多样化产品种类以及生猪出口、内销、鲜肉商超专柜、电话订购等丰富的多层次产品销售渠道。自成立以来，公司一直从事供港澳生猪业务，是内地口岸公司中主要的活猪出口商之一。

案例四：

投资时间	投资方	被投公司	二级行业	运营主体所在地	投资轮次	投资阶段	投资金额（百万元）	持股比例（%）
2021年10月	常州麦仑投资中心	九豫全食品	食品加工	河南	A	—	400.00	15.79

资料来源：PEDATA MAX，西部发展研究院整理，2022年7月。

2021年10月29日，常州麦仑投资中心（有限合伙）投资河南九豫全食品有限公司4亿元。

河南九豫全食品有限公司于2016年2月份在原阳注册成立，注册资本5000万元。公司是以牛肉、猪肉、鸡肉及其副产品等为原材料，经深加工和销售为一体的酱卤肉制品专业企业，销售网络遍布郑州、洛阳、南阳、许昌、开封、驻马店、新乡等河南省18个地级市及乡镇。公司与省内乃至国内许多家大型知名连锁超市签订了长期联营合作关系，主要以超市联营和"九多肉多"品牌直营店销售为主。公司目前拥有店面200余家，建有13700多平方米的标准化生产车间，配套有1000吨的污水处理设施和同时容纳2000吨的大型立体冷库；目前在职员工1600人，工厂工人600人、一线销售工人1000人，其中大学生就业300人，贫困人口就业200多人；年产酱卤肉制品7500吨，产值3亿元，利税达2500万元。

案例五：

投资时间	投资方	被投公司	二级行业	运营主体所在地	投资轮次	投资阶段	投资金额（百万元）	持股比例（%）
2021年6月	中信保诚 Harvest Private Wealth Thematic Fund SPC	优然牧业	畜牧业	内蒙古	基石投资	成熟期	322.00	1.38

资料来源：PEDATA MAX，西部发展研究院整理，2022年7月。

2021年6月18日，中信保诚、嘉实私人财富专题基金独立投资组合公司（Harvest Private Wealth Thematic Fund SPC）投资内蒙古优然牧业有限责任公司3.22亿元。

内蒙古优然牧业有限责任公司成立于2007年8月1日，是一家新型畜牧业产业公司，根据畜牧业务战略发展规划，旗下整合原畜牧发展公司、饲料公司和草业公司为新的畜牧公司。公司集奶牛养殖、良种繁育、饲料研发生产、饲草种植、收购及销售、农业科技培训为一体，致力于提供精品化、天然性、健康性的服务。畜牧业务辐射范围南至成都，北抵呼伦贝尔，东到杜尔伯特。目前，内蒙古优然牧业在全国建设了31座牧场，存栏量7.9万余头，年产量40万余吨。饲料业务前身为内蒙古牧泉元兴饲料有限责任公司，下属五个分公司，产品覆盖12个省（区、市），主销地有内蒙古、宁夏、黑龙江、山东、河北以及京津地区，年生产能力35万吨，年工业产值 15 个亿,是国内专业生产奶牛饲料的大型加工企业。正在兴起的草业业务基地位于赤峰市阿鲁科尔沁旗,草业建设中的 3.7 万亩优质苜蓿生产示范基地将实现规模化生产、机械化作业和产业化经营。

案例六:

投资时间	投资方	被投公司	二级行业	运营主体所在地	投资轮次	投资阶段	投资金额(百万元)	持股比例(%)
2021年1月	无锡建发	康欣新材	林业	湖北	上市定增	成熟期	859.00	23.08

资料来源:PEDATA MAX,西部发展研究院整理,2022 年 7 月。

2021 年 1 月 29 日,无锡市建设发展投资有限公司投资康欣新材料股份有限公司 8.59 亿元。

康欣新材料股份有限公司成立于 1993 年 9 月 1 日,位于山东省潍坊市。公司是一家苗木种植加工商,集育苗、造林、木材深加工为一体,主营业务包括集装箱底板、建筑结构材料、木结构房屋的研发、设计与生产,产品包括速生杨苗种、城市园林景观绿化种苗、速生杨木材等。公司经营范围包括:研发、制造、销售生物质材料;货物进出口业务;货物运输;种植、培育、推广各类优质林木及林木种苗;主要面向中小企业及个人提供研发、制造、销售生物质材料,货物进出口业务,货物运输,种植、培育、推广各类优质林木及林木种苗。

6.2.2 上市案例

案例一:

上市时间	上市公司	上市地点	二级行业	运营主体所在地	筹资额(百万元)	发行市盈率(%)	是否 VC/PE 支持
2021年1月	盖世食品	北京证券交易所	食品加工	辽宁	74.26	24.16	否

资料来源:PEDATA MAX,西部发展研究院整理,2022 年 7 月。

2021 年 1 月 12 日,大连盖世健康食品股份有限公司在北京证券交易所上市,发行股票 2133 万股,每股发行价 3.48 元,共募集资金 7425.73 万元。

大连盖世健康食品股份有限公司始建于 1994 年,是以海藻、鱼子等海珍品及食用菌、山野菜等农产品为主要食材,为国内外日式、中式餐饮企业提供冷、热即食调理产品的食品加工企业。公司注册资本4572万元，下设三个控股子公司，分别为大连乐世国际贸易有限公司、大连盖世生物技术有限公司、大连盖世顺达海产有限公司，占地面积25000平方米，建筑面积21000平方米，年生产能力为12000吨。

公司已通过ISO9001、HACCP、英国零售商协会（BRC）、清真（HALAL）、美国食品药品管理局（FDA）、欧盟水产、俄罗斯水产、越南水产、中国出入境检验检疫认证（CIQ）、食品生产许可（SC）、美国良好生产规范（GMP）、美国及欧盟社会责任认证等多项国内外认证，先后被评为国家级农业产业化重点龙头企业、国家高新技术企业、国家食用菌加工技术研发分中心、国家农产品加工业示范中心、国家科技兴海产业示范基地核心企业、中国藻业协会副会长单位、中国食用菌协会常务理事单位等。公司自主研发产品100余种，申请国家专利52项，目前已获批的国家发明专利11项。产品远销日本、美国、德国、法国、西班牙、俄罗斯、新加坡等十几个国家和地区。公司成功推动国家卫生和计划生育委员会修订国标GB2760，让调味裙带菜标准与世界接轨。2016年4月，公司在新三板正式挂牌（股票代码：836826），于2021年成功上市北交所，成为预制凉菜第一股。

案例二：

上市时间	上市公司	上市地点	二级行业	运营主体所在地	筹资额（百万元）	发行市盈率（%）	是否VC/PE支持
2021年5月	神农集团	上海证券交易所主板	畜牧业	云南	2245.00	—	是

资料来源：PEDATA MAX，西部发展研究院整理，2022年7月。

2021年5月28日，云南神农农业产业集团股份有限公司在上海证券交易所主板上市，发行股票4003万股，每股发行价56.08元，共募集资金22.45亿元。

云南神农农业产业集团股份有限公司（简称神农集团）成立于1999年8月9日，是一家集饲料生产、生猪养殖、种猪繁育、生猪屠宰、肉食品销售为一体的农业产业化国家重点龙头企业。神农集团拥有饲料加工、生猪养殖、生猪屠宰及肉食品加工3个类别生产基地共39个，其中饲料生产基地6个，分别位于昆明、大理、澄江、南宁；生猪养殖基地有30个（4个原种猪场和26个万头猪场），生猪养殖基地分别位于石林、安宁、嵩明、陆良、蒙自、建水、普洱、大理、曲靖、宣威、楚雄等地；生猪屠宰及肉食品加工基地2个，年生猪屠宰能力达到300万头，生猪屠宰及肉食品加工基地分别位于昆明、曲靖两市，昆明屠宰加工基地占地260余亩，全套引进德国BANSS屠宰设备和韩国HI-COOK分割设备，按照冷鲜肉生产标准建设，年屠宰加工生猪200万头。

案例三：

上市时间	上市公司	上市地点	二级行业	运营主体所在地	筹资额（百万元）	发行市盈率（%）	是否VC/PE支持
2021年2月	华康股份	上海证券交易所主板	食品加工	浙江	1504.00	21.27	是

资料来源：PEDATA MAX，西部发展研究院整理，2022年7月。

2021年2月9日，浙江华康药业股份有限公司在上海证券交易所主板上市，发行股票2914万股，每股发行价51.63元，共募集资金15.04亿元。

浙江华康药业股份有限公司创始于1962年，是一家以玉米芯、淀粉等为主要原料，从事研发、生产、销售各种功能糖、糖醇的国家级重点高新技术企业。公司通过GMP、ISO9001、ISO14001、ISO45001、ISO50001、FSSC22000等多项管理体系认证，以及Intertek绿叶标志认证，被评为"国家绿色工厂""节能环保领军企业""中国轻工业发酵行业十强企业""全国淀粉糖行业二十强"及"中国食品添加剂和食品配料行业百强企业"。公司获得国家企业技术中心认定，主导和参与木糖醇、山梨糖醇、麦芽糖醇等三十余项国家标准、行业标准及团体标准的制定。同时，公司与国内外众多院校合作，开展核心技术的研究和攻关，创新推进科技成果转化，荣获中国专利优秀奖、中国轻工业联合会科学技术进步奖一等奖等奖励，木糖醇产品被工信部评为"单项冠军产品"。

公司下设焦作市华康糖醇科技有限公司、浙江华康贸易有限公司、浙江华康医药有限公司（ZHEJIANG HUAKANG PHARMA B.V.）和安徽华悦食品科技有限公司等四家全资子公司，构建了原料自给、生产销售一体化的经营体系。经多年发展，华康目前已形成以玉米芯为主要原料，生产D-木糖、木糖醇多种规格系列产品，以及以玉米淀粉为主要原料，生产麦芽糖醇、山梨糖醇、麦芽糖浆、果葡糖浆等系列产品，同时公司还研发生产异麦芽酮糖醇、L-阿拉伯糖、结晶果糖、结晶甘露醇等产品。

6.2.3 并购案例

案例一：

并购时间	并购方	被并购方	二级行业	被并购方所在地	并购金额（百万元）	股权（%）	是否 VC/PE 支持
2021年11月	现代牧业	富源国际	畜牧业	内蒙古	3480.00	100.00	否

资料来源：PEDATA MAX，西部发展研究院整理，2022年7月。

2021年11月29日，中国现代牧业控股有限公司成功受让嘉实乳业有限公司（HARVEST DAIRY LIMITED）、北京尚心华滋投资中心（有限合伙）、天津美乐源企业管理咨询合伙企业（有限合伙）、天津优牧之企业管理咨询合伙企业（有限合伙）、天津好牧企业管理咨询合伙企业（有限合伙）等持有的内蒙古富源国际实业（集团）有限公司的100%的股权，作价34.8亿元。

中国现代牧业控股有限公司位于中国香港，成立于2008年7月30日，主营业务是生产及销售原料奶，曾是中国最大的乳牛畜牧公司及最大的原料奶生产商，是中国首家采用大规模工业化散栏式乳牛畜牧业务模式的公司之一，拥有丰富的饲养经验及先进的繁殖、喂饲及畜群管理技术。

内蒙古富源国际实业（集团）有限公司位于中国内蒙古自治区呼和浩特市，成立于2012年2月17日。公司主要从事奶牛养殖、牧草种植以及饲料加工及销售；主要许可经营项目有奶牛养殖、对外贸易；一般经营项目有奶牛销售，饲料种植与销售，牧业机械销售与租赁及原奶销售，国际经济、科技、环保、物流信息咨询服务，环境污染治理及监测技术开发与应用。

案例二：

并购时间	并购方	被并购方	二级行业	被并购方所在地	并购金额（百万元）	股权（%）	是否 VC/PE 支持
2021年6月	新希望	海皇生物	渔业	浙江	240.00	100.00	是

资料来源：PEDATA MAX，西部发展研究院整理，2022年7月。

2021年6月5日，新希望六和股份有限公司成功受让杭州海皇科技股份有限公司持有的湖州海皇生物科技有限公司的 100% 的股权，作价 2.4 亿元。

新希望六和股份有限公司位于中国四川省绵阳市，成立于 1998 年 3 月 4 日，是一家畜禽肉类及饲料生产商；业务涉及饲料、养殖、肉制品及农业金融投资、商贸等，产品包括肉类、饲料、畜禽种苗三大类，具体有鸡肉、鸭肉、猪肉、鸡苗、种猪等；经营范围包括：配合饲料、浓缩饲料、精料补充料的生产、加工，谷物及其他作物的种植，牲畜的饲养，猪的饲养，家禽的饲养，商品批发与零售，进出口业务等。

湖州海皇生物科技有限公司位于中国浙江省湖州市长兴县，成立于 2014 年 5 月 28 日，是一家水产饲料生产商；经营范围包括：水产饲料生产技术的研发，饲料销售，饲料种植、养殖技术、生物工程技术的开发及软件设计，养殖与饲料生产技术咨询服务等。

案例三：

并购时间	并购方	被并购方	二级行业	被并购方所在地	并购金额（百万元）	股权（%）	是否 VC/PE 支持
2021 年 3 月	唐人神	吉泰农牧	农业加工	湖南	110.00	55.00	是

资料来源：PEDATA MAX，西部发展研究院整理，2022 年 7 月。

2021 年 3 月 19 日，唐人神集团股份有限公司成功受让谢惠文、谢新跃、潍坊农之沐农业科技中心（有限合伙）持有的湖南省吉泰农牧股份有限公司的 55% 的股权，作价 1.1 亿元。

唐人神集团股份有限公司位于中国湖南省株洲市，成立于 1992 年 9 月 11 日。公司是由中国农业大学、中国肉类食品综合研究中心、香港大生行饲料有限公司等股东共同投资的现代股份制企业，长期专注于饲料产品的研发、生产和销售，产品包括饲料（猪饲料、禽饲料、水产饲料）、生鲜肉及各类肉制品、种猪、动物保健品等。目前，集团饲料年产能 500 万吨，年产各类肉制品 10 万吨，集团下属 40 多家子公司，年销售收入 40 亿元，以平均每年增长 30.0% 以上的速度向前发展，形成了种苗、饲料、动物保健、肉品加工、连锁销售一条龙经营的发展格局。

湖南省吉泰农牧股份有限公司是一家农副食品加工商，位于中国湖南省株洲市醴陵市，成立于 2009 年 7 月 8 日；经营范围包括：畜禽养殖、初加工、销售及技术服务，蔬菜、水果、苗木种植及销售，有机肥生产、加工与销售。

6.2.4 大型机构涉足农业的案例

案例一：

成立时间	公司简称	运营主体所在地	机构类型	管理资金（百万元）	投资地域	投资领域
1999 年 8 月	国泰君安	上海	PE	95.00	湖南	农业

资料来源：PEDATA MAX，西部发展研究院整理，2022 年 7 月。

2021 年 3 月 8 日，国泰君安证券投资唐人神集团有限公司 9500 万元。

国泰君安证券股份有限公司注册地在中国上海市浦东新区，由国泰证券有限公司和君安证券有限责任公司通过新设合并、增资扩股，于 1999 年 8 月 18 日组建成立。旗下设国泰君安金融控股有限公司（注册地香港）、国泰君安期货有限公司、上海国泰君安证券资产管理有限公司、国泰君安创新投资有限公司、国泰君安基金管理有限公司、上海证券有限责任公司 6 家子公司。公司的主营业务有证券经纪、证券自营、证券承销与保荐、证券投资咨询，与证券交易、证券投资活动有关的财务顾问、融资融券业务。

案例二：

成立时间	公司简称	运营主体所在地	机构类型	管理资金（百万元）	投资地域	投资领域
2007 年 1 月	中国银河证券	北京	PE	170.00	山东	畜牧业

资料来源：PEDATA MAX，西部发展研究院整理，2022 年 7 月。

2021 年 8 月 12 日，中国银河证券股份有限公司投资山东龙大美食股份有限公司 1.7 亿元。

中国银河证券股份有限公司注册地在中国北京市丰台区，是经中国证监会批准，由中国银河金融控股有限责任公司作为主发起人，联合 4 家国内投资者共同发起设立，于 2007 年 1 月 26 日正式成立的全国性综合类证券公司。中央汇金投资有限责任公司为公司实际控制人，公司本部设在北京，注册资本为人民币 60 亿元；

截至 2012 年底，公司共有员工 7800 余人。公司的经营范围为：证券经纪，证券投资咨询，与证券交易、证券投资活动有关的财务顾问，证券承销与保荐，证券自营，证券资产管理，融资融券，开放式证券投资基金代销，为银河期货经纪公司提供中间介绍业务，代销金融产品业务。

案例三：

成立时间	公司简称	运营主体所在地	机构类型	管理资金（百万元）	投资地域	投资领域
2017 年 12 月	深圳今日头条科技有限公司	深圳	N/A	5000.00	深圳	农业

资料来源：PEDATA MAX，西部发展研究院整理，2022 年 7 月。

2021 年 10 月 14 日，深圳今日头条科技有限公司投资深圳市中融小额贷款有限公司 50 亿元。

深圳今日头条科技有限公司成立于 2017 年 12 月 7 日，注册地位于深圳市南山区粤海街道南海大道 2163 号来福士广场 22 层 2201 单元，法定代表人为张利东。2022 年 4 月 11 日，深圳今日头条科技有限公司发生工商变更，注册资本由 102 亿元增至 142 亿元，增幅超 39%。经营范围包括一般经营项目：电子技术的技术开发、技术推广、技术转让、技术咨询、技术服务，计算机系统技术咨询，数据处理，基础软件、应用软件的技术开发，从事广告业务；许可经营项目：移动内容、在线娱乐等移动互联网创新应用及产业化。

6.3　2021 年世界投资形势

6.3.1　2021 年世界对外直接投资形势

根据联合国贸易和发展会议（UNCTAD）最新发布的《2022 年世界投资报告》（Word Investment Report 2022，本节简称"报告"）显示，2021 年全球外国直接投资（FDI）恢复到新冠肺炎疫情前水平，达到近 1.58 万亿美元，较 2020 年增长 64%，增长主要得益于跨境并购活动活跃、跨境融资限制减少和重大基础设施刺激计划带来的国际项目融资快速增长。然而随着俄乌冲突导致食品、燃料价格高企以及跨境融资收紧的三重危机，国际商业和投资环境发生了巨大变化。预计2022年无法继续延续去年的增长势头，全球FDI流入可能会呈下降趋势或持平。

2021年FDI流入最多的10个经济体是美国、中国、中国香港、新加坡、加拿大、巴西、印度、南非、俄罗斯和墨西哥。发达经济体贡献了全球跨境投资增长的近70%，外商直接投资达7460亿美元，是2020年水平的两倍多。这一增长主要来自跨境并购的增加和国际项目融资（以项目融资形式实施的跨境并购）的增长。外资流入和经济恢复互为因果，相较于发展中国家，发达经济体经济治理能力更强，能够有效运用量化宽松等刺激手段推动经济从新冠肺炎疫情中恢复，更大力度地吸引国际资本聚集，也为后续的经济复苏积蓄了优势。

流向发展中经济体的外国直接投资的增长速度低于流向发达经济体的外国直接投资，但仍增长了30%，达到8370亿美元。这一增长主要是来自亚洲强劲的增长、拉丁美洲和加勒比海地区的部分复苏以及非洲的增长。发展中国家在全球资金流动中的份额仍略高于50%。2021年，非洲的FDI达到创纪录的830亿美元，但这受到2021年下半年南非一项公司内部金融交易的显著影响。南部非洲、东非和西非的流量增加，而中部非洲持平，北非下降。同时，占全球FDI 40%的亚洲发展中经济体在2021年连续第三年出现增长，达到6190亿美元的历史最高水平。其中，中国的FDI增长了21%，东南亚增长了44%，但南亚却相反，下降了26%，流入印度的FDI减少到450亿美元。拉丁美洲和加勒比海地区的FDI投资增长了56%，其中南美74%的增长是由于对大宗商品和绿色矿产的更高需求所导致。2021年流入最不发达国家、内陆发展中国家和小岛屿发展中国家的FDI仅占世界总量的2.5%，低于2020年的3.5%。

大型跨国企业利润回升，发达国家对国际化的掌控更强。全球大型跨国公司主要来自发达国家。"恢复元气"的跨国公司将加快全球扩张和资源整合，助推发达国家在后疫情时代的国际化进程中持续扩大影响力，构建符合其战略意图的国际产业链体系。得益于强劲释放的需求、低廉的融资成本以及政府的有效支持，在发达国家经营的跨国企业利润增长更为迅速，将有力提升发达国家相较于发展中国家的外资吸引力。

外商绿地投资低迷，欠发达国家发展动能不足。2021年，全球绿地投资增长了15%，达到6590亿美元，但在发展中国家实施的跨境绿地投资项目为2590亿美元，几乎是有记录以来的最低水平。相较于对既有资源整合的并购项目，绿地投资代表了产能增量，对经济增长具有更为重要的支撑作用，发展中国家外国绿地投资的低迷，意味着增长动能的匮乏。

可持续发展领域投资项目数低于新冠肺炎疫情前，发展中国家可持续发展基础不牢。2021年，发展中国家可持续发展领域的外商投资增长了70%，主要源于可再生能源领域外商投资额增长了2倍。从项目数量看，除可再生能源、教育之外，供水、食品及农业、交通、健康等领域的外商投资项目数量均少于疫情前。

6.3.2　2021年世界农业产业投资形势

AgFunder成立于2013年，主要专注于农业技术和食品技术价值链的种子轮到B轮的初创公司。在过去8年中共出手47次，投资41家公司，7次领投。AgFunder已经成为全球最有影响力的食品科技和农业科技风投公司之一，是投资未来食品和农业的可信赖且易于访问的渠道。

AgFunder发布的《2022年农业食品科技报告》显示：2021年，全球农业食品科技初创公司总共获得517亿美元融资，比2020年的278亿美元总额增加了85%。为应对新冠肺炎疫情而崛起的农业食品科技行业不仅仍然是最受欢迎的投资类别，而且新交易量激增。

从整体行业来看：2021年，在线零售（eGrocery）行业涌入大量的资金，同比增长188%，占所有农业食品技术资金的三分之一以上。其中，最大的一轮来自于中国的社区团购龙头——兴盛优选。在2021年2月，该公司完成了30亿美元的D轮融资，投资方包括红杉资本中国、腾讯投资、方源资本、淡马锡（Temasek）、KKR、德弘资本、春华资本、恒大集团等。美国的goPuff则筹集了20亿美元，除此之外，该领域还包括数轮超过5亿美元的融资。

除了在线零售之外，按资金份额计算，最大的类别是云零售基础设施、创新食品和店内餐饮及零售技术。云零售基础设施包括按需支持技术、黑暗厨房（又称"虚拟厨房")和送货机器人等，该领域投资同比增长了97.5%，达到48亿美元，占所有投资活动的9%以上；创新食品（包括替代蛋白质）2021年比2020年增长103%，投资也达到48亿美元。非凡食品（Impossible Foods）、诺特可（NotCo）、Perfect Day、未来肉食（Future Meat）和Nature's Fynd等熟悉的名字是该类别最大轮融资的幕后推手（Impossible Foods是唯一一家在2021年完成超过5亿美元融资的上游初创公司）。

农业上游产业一般是生产型，下游一般属于供应链企业，即与消费者有直接接触的企业。这份报告也指出，处于上游的初创公司，在1846笔交易中共获得182亿美元，下游企业在1241笔交易中净赚321亿美元。

同时，投资者们对新型农业系统表现出一定的兴趣，如温室种植者Local Bounti在去年11月通过SPAC交易上市。新型农业系统（Novel Farming Systems）是农业食品技术的一个类别，包括：室内农场——在高科技温室和垂直农场种植农产品；昆虫养殖场——生产动物和水产饲料以及人类食物的蛋白质替代品；水产养殖——生产海鲜和海菜，包括藻类；用于食品以及其他行业和应用的新型生物成分，例如微生物；或者使用上述任何技术的基于家庭的消费者系统。

从地域上看，美国仍然是全球最大的农业食品技术风险投资市场。2021年，美国的初创公司交易额占全球交易的34%，且美国的交易在上游和下游中的占比分配较为均匀。其他地区的农业食品技术投融资主要集中在下游，这类公司在2021年筹集了307亿美元。

附录1 农业产业定义及分类

按国家统计局发布的国民经济行业分类（GB T 4754—2011），农业产业主要集中于门类A的"农林牧渔业"和C大类中13—15，以及"35专用设备制造业"中的"353食品、饮料、烟草及饲料生产专用设备制造"和"357农林牧渔专用机械制造"中。按国家统计局发布的行业标准，本报告所研究的农业产业主要包括两个一级行业：农林牧渔业和制造业，涉及农业、林业、畜牧业、渔业和农林牧渔服务业，农副食品加工业，食品制造业，酒、饮料和精制茶制造业以及专用设备制造业等二级行业（见下表）。

农业产业定义

一级分类	二级分类	举例说明
农林牧渔业	农业	谷物种植，豆类、油料和薯类种植，棉、麻、糖、烟草种植，蔬菜、食用菌及园艺作物种植，水果种植，坚果、含油果、香料和饮料作物种植，中药材种植及其他农业
	林业	林木育种和育苗、造林和更新、森林经营和管护、木材和竹材采运、林产品采集
	畜牧业	牲畜饲养、家禽饲养、狩猎和捕捉动物以及其他畜牧业
	渔业	水产养殖、水产捕捞
	农林牧渔服务业	农业服务业：对农业生产活动进行的各种支持性服务，但不包括各种科学技术和专业技术服务，主要指农业机械服务、灌溉服务、农产品初加工服务、其他农业服务等 林业服务业：为林业生产服务的病虫害的防治、林地防火等各种辅助性活动，主要指林业有害生物防治服务、森林防火服务、林产品初级加工服务、其他林业服务 畜牧业服务：提供牲畜养殖、圈舍清理、畜产品生产和初级加工等服务 渔业服务：对渔业生产活动进行的各种支持性服务，包括鱼苗及鱼种场、水产良种场和水产增殖场等进行的活动

续表

一级分类	二级分类	举例说明
制造业	农副食品加工业	谷物磨制，饲料加工，植物油加工，制糖业，屠宰及肉类加工，水产品加工，蔬菜、水果和坚果加工，其他农副食品加工
	食品制造业	培烤食品制造，糖果、巧克力及蜜饯制造，方便食品制造，乳制品制造，罐头食品制造，调味品、发酵制品制造，其他食品制造
	酒、饮料和精制茶制造业	酒的制造、饮料的制造、精制茶加工
	专用设备制造业	食品、饮料、烟草及饲料生产专用设备制造，农林牧渔专用机械制造，以及农林牧渔专用仪器仪表制造等

资料来源：国家统计局，西部发展研究院整理，2022年7月。

附录 2　2021 年农业领域 VC/PE 背景企业 IPO 上市情况

2021 年农业领域 VC/PE 背景企业 IPO 上市情况

上市企业	上市地点	投资机构	投资时间	投资金额（百万元）	股权（%）	轮次	阶段
春雪食品	上海证券交易所主板	莱阳市春华投资中心（有限合伙）上海天自投资 毅达资本	2020 年 3 月 20 日	176.00	17.64	老股权转让	成熟期
		上海天自投资 豪迈资本	2020 年 1 月 20 日	73.30	7.33	老股权转让	成熟期
		共创投资	2018 年 1 月 23 日	44.98	4.95	老股权转让	成熟期
中粮工程科技股份有限公司	深圳证券交易所创业板	盛良投资 美亚光电 明诚金融 复星创富	2016 年 1 月 29 日	447.00	43.63	A	扩张期
上海农村商业银行股份有限公司	上海证券交易所主板	上海久事	2020 年 5 月 21 日	—	—	其他	扩张期
		上海社会福利发展有限公司 顺脉贸易 上海伟龙企业有限公司 上海轻工业对外经济技术合作有限公司	2019 年 3 月 20 日	4740.00	7.83	C	扩张期

161

续表

上市企业	上市地点	投资机构	投资时间	投资金额（百万元）	股权（%）	轮次	阶段
上海农村商业银行股份有限公司	上海证券交易所主板	上海山鑫置业有限公司 上海申迪（集团）有限公司 浙江沪杭甬 上海国盛资产 东方国际	2019年3月20日	4740.00	7.83	C	扩张期
		太平创新	2019年3月15日	2863.00	—	其他	成熟期
		山西航空 上海国盛资产 上海国资经营	2015年11月12日	—	—	其他	扩张期
		上海莱韵毛纺织有限公司 长风投资	2014年4月15日	—	—	其他	扩张期
		海兴资产	2013年4月2日	—	1.09	其他	扩张期
		中国太保	2012年12月31日	—	—	其他	成熟期
		建银国际	2012年1月1日	299.00	0.93	B	扩张期
		上海市青浦区供销合作联合社 澳新银行 日钢集团 上海国际集团 国际资管 联想控股 上海国资经营 中国太保	2010年12月27日	8128.00	25.09	B	扩张期
		弘毅投资	2010年12月1日	—	—	A	扩张期

▶ 附录 2　2021 年农业领域 VC/PE 背景企业 IPO 上市情况

续表

上市企业	上市地点	投资机构	投资时间	投资金额（百万元）	股权（%）	轮次	阶段
上海农村商业银行股份有限公司	上海证券交易所主板	澳新银行	2007年9月17日	1983.00	19.90	A	扩张期
		上海青浦香花桥电力安装有限公司	—	—	—	其他	扩张期
双枪科技股份有限公司	深圳证券交易所主板	凯珩投资	2019年6月18日	23.42	2.13	其他	成熟期
		科发资本	2017年7月27日	46.30	5.93	其他	成熟期
		浙江中易资产管理有限公司	2017年7月13日	35.10	5.17	B	扩张期
		科发资本	2015年12月11日	65.17	12.30	其他	成熟期
		安泰创投	2011年1月18日	31.06	5.00	A+	扩张期
		华睿投资	2009年10月16日	15.00	15.00	A	扩张期
		华睿投资	2009年10月15日	—	—	A	扩张期
中国优然牧业集团有限公司	香港证券交易所主板	嘉实基金 中信保诚 贝恩资本	2021年6月18日	3337.57	1.38	基石投资	扩张期
		太盟投资 中银投资 工银国际	2020年11月20日	3108.40	31.23	C	成熟期
		太盟投资	2020年11月4日	2365.09	26.46	其他	扩张期
		Meadowland Investment	2020年10月28日	10.98	—	其他	初创期
		太盟投资	2020年6月16日	934.00	14.50	B	扩张期
		伊利股份	2016年4月12日	2835.00	100.00	A	初创期

续表

上市企业	上市地点	投资机构	投资时间	投资金额（百万元）	股权（%）	轮次	阶段
云南神农农业产业集团股份有限公司	上海证券交易所主板	基石资本	2019年6月14日	65.00	3.00	A	扩张期
		冠亚投资	2018年3月1日	30.00	1.48	天使轮	扩张期
山东百龙创园生物科技股份有限公司	上海证券交易所主板	恩利伟业	2016年7月25日	2500.00	27.72	A	扩张期
		深圳鸿庆华融资本					
福建万辰生物科技股份有限公司	深圳证券交易所创业板	东莞证券	2015年12月16日	6.75	0.59	新三板定增	扩张期
		财通证券					
		亿福详铁业	2015年8月18日	129.00	9.83	新三板定增	扩张期
		福地置业					
		博芮投资					
		华泰证券					
		首创证券					
		信达证券					
		胡杨投资					
		上德投资					
		联创资本					
		南京证券					
		金信财务	—	—	6.21	其他	扩张期
宁夏晓鸣农牧股份有限公司	深圳证券交易所创业板	谢诺辰途	2018年12月7日	29.00	2.85	新三板定增	成熟期
		正大投资	2017年2月23日	30.00	17.26	新三板定增	扩张期
		大北农	2016年6月21日	151.00	4.43	新三板定增	成熟期
		申万宏源	2015年11月18日	21.85	4.26	新三板定增	扩张期
		海通证券					
		安信证券					
		谢诺辰阳	2015年7月10日	14.99	3.22	新三板定增	扩张期

附录 2　2021 年农业领域 VC/PE 背景企业 IPO 上市情况

续表

上市企业	上市地点	投资机构	投资时间	投资金额（百万元）	股权（%）	轮次	阶段
宁夏晓鸣农牧股份有限公司	深圳证券交易所创业板	国富基金	2011年12月7日	21.71	16.84	A	扩张期
		上海嘉泰	—	—	—	其他	扩张期
杭州市园林绿化股份有限公司	上海证券交易所主板	新干世业 同创伟业 上海仰岳	2017年12月29日	62.99	4.16	其他	成熟期
		上海天自投资 同创伟业 金海棠投资 融银资本	2014年4月28日	139.00	12.56	B	成熟期
		新干世业 沃石投资 金海棠投资 上海创瑞投资	2013年8月9日	97.75	11.81	A	成熟期
浙江华康药业股份有限公司	上海证券交易所主板	浩华益达 宁波微著 雅客食品 唐春投资 杭州和盟和你投资 杭州金娱投资 开化同益	2018年4月3日	99.20	14.18	C	成熟期
		开化同利 唐春投资 雅客食品	2017年12月22日	72.27	15.94	其他	扩张期
		海越能源 涌铧投资 新干线传媒投资	2011年6月28日	2.15	5.83	其他	扩张期

续表

上市企业	上市地点	投资机构	投资时间	投资金额（百万元）	股权（%）	轮次	阶段
浙江华康药业股份有限公司	上海证券交易所主板	雅客食品	2007年9月29日	2.15	19.35	B	扩张期
		海越能源					
		涌铧投资					
		新干线传媒投资					
		国富基金	2007年9月21日	7.00	2.00	其他	扩张期
		同伴科技	2002年11月4日	4.75	95.00	其他	扩张期
		汤阴豫鑫	2002年4月18日	—	52.00	A	扩张期
青岛征和工业股份有限公司	深圳证券交易所主板	达晨财智	2014年7月28日	19.8	5.00	B	扩张期
		魁峰机械	1999年10月9日	1.55	100.00	A	扩张期
		日本征和工业株式会社					

资料来源：PEDATA MAX，西部发展研究院整理，2022年7月。